eXperience
Management
Institute

体验管理
知识体系指南

（XMBOK®指南）

主　编

李满海　王建　马琳伟　李鸿浩

副主编

胡　君　徐清明　丁吉超　吴海伟　陈　亮

参　编

（按拼音字母排序）

陈雪娇　封钦柱　何智燃　梁琼芳　刘　昶
刘　松　梅　林　强寒梅　孙　敏　陶　霞
陶　颖　滕云露　王　璐　王　婷　巫桂华
伍伊蔓　杨　辰　余　湉　张　旭　郑　直
周　超　周　霞　周星怡　左　雪

四川大学出版社
SICHUAN UNIVERSITY PRESS

图书在版编目（CIP）数据

体验管理知识体系指南 / 李满海等主编 . — 成都：
四川大学出版社，2023.10
ISBN 978-7-5690-6432-2

Ⅰ . ①体⋯ Ⅱ . ①李⋯ Ⅲ . ①企业管理－销售管理
Ⅳ . ① F274

中国国家版本馆 CIP 数据核字（2023）第 200461 号

书　　名：体验管理知识体系指南
　　　　　Tiyan Guanli Zhishi Tixi Zhinan
主　　编：李满海　王　建　马琳伟　李鸿浩

选题策划：韩仙玉
责任编辑：韩仙玉
责任校对：周　颖
装帧设计：李　沐
责任印制：王　炜

出版发行：四川大学出版社有限责任公司
　　　　　地址：成都市一环路南一段 24 号（610065）
　　　　　电话：（028）85408311（发行部）、85400276（总编室）
　　　　　电子邮箱：scupress@vip.163.com
　　　　　网址：https://press.scu.edu.cn
印前制作：四川胜翔数码印务设计有限公司
印刷装订：成都市新都华兴印务有限公司

成品尺寸：170mm×240mm
印　　张：12.75
插　　页：1
字　　数：245 千字

版　　次：2023 年 10 月　第 1 版
印　　次：2023 年 10 月　第 1 次印刷
定　　价：58.00 元

扫码获取数字资源

四川大学出版社
微信公众号

序　言

很多年前，曾经有人问我，能否用一句话将用户体验讲清楚。我说你需要给我至少 1 天时间。因为用户体验在不同行业、不同领域以及不同环节，它的内涵以及表现方式都有所不同，很难用一句话就讲清楚。

在推广用户体验及具体实践中，我们经常需要去解释某些概念，澄清某些观点，证明某些方法。所以我们也一直在思考，是否能够将用户体验相关知识进行统一且系统化梳理，帮助推进行业理解及应用。

很高兴在协会理事李满海博士的带领下，在众多行业专家的支持及鼓励下，UXPA 中国能够完成这一艰巨但有极大意义的事情。

该指南知识点丰富且实用，既有执行实施层面的方法和技巧，也有战略管理层面的总结和经验。每个知识点都从定义解读（What）、目标背景（Why）、执行阐述（How）以及案例示意（Sample）四个方面展开，达到让读者知其然也知其所以然的目的。

随着技术更新，社会发展，行业变革，企业管理也进入到"以用户为中心"的精细化运营阶段。用户体验成为核心的竞争要素。"好体验、好商业"，希望广大的企业管理者们能够从中武装思想，学习方法，切实提升企业的体验管理能力，为社会及民众提供更好的产品和服务，也为自身带来更具竞争力的商业价值。

钟承东　于深圳
UXPA 中国主席
益普索用户体验研究院院长

前　言

体验管理知识体系指南（eXperience Management Body of Knowledge，XMBOK）是对体验管理所需的知识内容结构和能力进阶路径的概括性描述，集体验管理理念、工具和方法为一体，以帮助企业更好地提升产品或服务的用户体验。

体验管理是在有限的资源约束下，运用系统的理论和方法，以提高用户整体体验为出发点，对用户体验涉及的全部工作进行有效的管理，有目的地向用户传递匹配品牌承诺的正面感受，即从用户体验需求的投资决策开始到体验消费结束的全过程中，进行计划、组织、指挥、协调、控制和评价，在提升用户的忠诚度、提高产品的竞争力的同时达到增加企业收入和降低运营成本的目的。

2023 年 2 月，中共中央、国务院印发的《质量强国建设纲要》明确提出，要推动基于用户体验的产品质量变革。同年 3 月，中国航天科技集团在全国政协第十四届全国委员会议上的提案是《加强用户体验标准化体系建设，助力高质量发展》；重庆市民政局社会组织管理局正式授牌全国首个官方合法认定的体验管理人才专委会。2022 年 6 月，重庆工业设计产业城率先成立（专精特新）体验管理研究院，致力于体验管理知识体系应用，助力成渝地区双城经济圈发展。

2018 年，SAP 公司以 80 亿美元收购了 Qualtrics 体验管理平台。2023 年，美国 Silver Lake 公司和加拿大 CPPIB 公司又以 125 亿美元收购了 Qualtrics。

UXPA（User eXperience Professional Association）中国从 2004 年成立至今，良好的口碑沉淀赢得了国内外用户体验领域专家的一致认可。UXPA

中国是国内最具影响力的用户体验专家组织，长期将"引领中国用户体验发展"作为组织的历史使命。2022 年 3 月，UXPA 中国正式同意由李满海博士牵头组建《体验管理知识体系指南》编写团队。

编写《体验管理知识体系指南》有以下两个初心。

一是将用户体验相关的知识点串成企业管理者看得懂且用得着的知识体系，切实有效地帮助企业站在用户体验的视角推动组织进化和管理变革，促进企业提升体验管理的能力，从而提供优质的产品和服务，使用户体验得到更好的提升。

二是对国内各大企业多年的用户体验理论发展和实践经验做一个系统的总结。一方面是希望从知识层面引领中国用户体验行业发展，建立符合中国国情的用户体验领域标准；另一方面是希望能在用户体验领域的国际标准上彰显中国自信。

本书编写团队的组建采取内邀制，UXPA 中国理事王建、马琳伟是第一批联合发起人。截至 2023 年 5 月，已经有来自平安银行、华西医院、华为、中兴通讯、中国移动、东软集团、中冶集团、烽火星空、锐捷网络、长安汽车、浪尖渝力、数字 100、TCL、OPPO、北理工创新装备研究院等 10 多家单位的 20 多位行业专家共同参与。这些单位大多是不同行业的头部企业，其中至少有 6 家是世界 500 强企业。参与编写本书的行业专家大都是工作十年以上的资深主管。

体验管理知识点涵盖医疗、金融、通信、餐饮、旅游等各个行业。建议企业的基层员工、中层干部和高层团队三类人群重点学习的知识点情况如下：

1.基层员工，重点关注项目执行层体验管理能力知识点。

2.中层干部，重点关注系统管理层体验管理能力知识点。

3.高层团队，重点关注战略文化层体验管理能力知识点。

各行各业中，谋求良好品牌口碑的企业特别推荐阅读《体验管理知识体系指南》。

目　录

第一章　概　论

本章是对体验管理知识体系指南的综合性描述。首先，对体验管理的几个关键术语进行解读。其次，通过介绍体验经济时代背景和体验管理发展的历程来说明本指南的意义和价值。最后，提出体验管理的三层知识结构和能力进阶路径。

第一节　关键术语解读

一、什么是体验

"体验"一词的英文是 experience，其本身有多种含义，可以翻译为"经历"，也可以翻译为"经验"。在 ISO 9241-210 标准中，把人们使用或期望使用的产品、系统或服务的感觉和反应称为体验（users' emotions and attitudes about using a particular product，system or service）。无论哪种含义，体验都与人相关，脱离人的情感，体验便无从谈起。体验是个体与环境相遇时动态的、连续的相互作用所产生的结果。

体验不仅涵盖了个体与环境中产品或服务的互动过程，即关注用户在使用一件产品或一项服务的时候的所做、所想和所感，主要体现在用户与产品或服务的交互过程中，而且涵盖了互动过程及行为结果被感知后给个体带来的值得记忆的经历，即关注用户在特定目标引导下通过一系列有意义的事件实现个体成长的经历。例如，星巴克创始人 Howard Schultz 于 2016 年提到他对体验的理解时说道：比起咖啡，更让人充满热情的是创建工作和家庭之外的第三个空间，让上班族能够在此受到礼遇，体验独特的服务。为此，星巴克除了严控咖啡饮料、糕点、礼盒等产品质量，还将店面开设在每个商圈写字楼较为显眼的位置。消费者与品牌服务的接触点很多，体验不仅包括产品层面体验，而且还包括内部员工的体验、合作伙伴的体验。例如，为了促进员工给用户提供愉悦的体验，企业除了定期给员工提供培训之外，还应该给员工一定权限去自主处理用户要求。

通过有目的、有计划和有步骤的实践活动，体验本身拥有的能让人产生满足感的情感将得以内化升华和释放呈现。与以往的产品形态相比，可以作为产品售卖的体验具有很多特殊性，比如对同一段体验过程，不同人的体验感受会不一样，同一人在不同预期下的体验感受也不一样。体验结果的不确定性为服务产品的差异化和定价策略的个性化提供了无限的可能，但也给体验管理带来难度。

二、什么是体验管理

体验管理，英文是 eXperience Management，简称 XM。体验管理是指以优化全流程中的用户感知为目标拓展组织的运营与管理，构建能够促进利益相关者共同发展的体验管理系统。体验管理是用户与公司及品牌的整体互动的总和。

体验管理是指在有限的资源约束下，运用系统的理论和方法，以提高用户的整体体验为出发点，对用户体验涉及的全部工作进行有效的管理，有目的地向用户传递匹配品牌承诺的正面感受，即从用户体验需求的投资决策开始到体验消费结束的全过程，进行计划、组织、指挥、协调、控制和评价，在提升用户忠诚度、提高产品竞争力的同时，增加企业收入和降低运营成本。

伴随着信息技术发展和消费结构升级而新生的行业，用现代化的新技术、新业态和新服务方式向社会提供高价值、满足社会高层次和多元化需求的新兴服务业将是经济发展主力。新兴服务业更加关注用户的情感需求和体验过程，通过流程管理、产品设计、服务优化等方式给用户提供产品和服务的实用功能价值和感性体验价值，有的企业提升零售过程的用户服务体验，有的企业优化数字产品的互动操作体验，有的企业重视内部员工对认同感和存在感方面的体验。数字技术为体验的量化管理创造可行性和便捷性。目前，市场上已经出现了成熟的体验管理云平台，而且应用数量会越来越多。

三、什么是体验管理知识体系

体验管理知识体系，英文全称是 eXperience Management Body of Knowledge，简称 XMBOK。该指南将用户体验相关知识点串成企业管理者看得懂且用得着的知识体系，切实有效地帮助企业站在用户体验的视角推动组织进化和管理变革，促进企业提升体验管理的能力，从而提供更好的产品和服务体验，让老百姓的生活更美好。

体验管理知识体系，是体验管理所需的知识内容结构和能力进阶路径的概括性描述，集体验管理理念、工具和方法为一体，以帮忙企业更好地提升产品或服务的用户体验。

第二节　紧随体验时代发展

一、体验经济时代已到来

企业从售卖原材料货品到售卖经过加工的商品，再到售卖附加的增值服务，再到售卖能让消费者内心产生共鸣的体验，该发展过程率先由 B. Joseph Pine 和 James H. Gilmore 于 1998 年在《哈佛商业评论》的《欢迎来到体验经济》（Welcome to the Experience Economy）一文中详细描述。市场上向消费者售卖体验的企业普遍做法是：提供某种服务作为消费者可互动参与的舞台，同时提供某些产品作为消费者互动过程中的道具。比较典型的案例是迪士尼乐园，消费者排队花钱购买的是一天充满奇妙、温馨和欢乐的个性体验。资料显示，迪士尼乐园2022财年第三季度业绩中，体验产品收入达到73.94亿美元，同比增长70%。由此可见，具有广阔市场前景的体验经济已经如火如荼。

如图1-1所示，在产品功能或服务特性很难差异化的情况下，企业要想尽可能满足消费者的个性化需求，同时又要有较高盈利，那么向消费者售卖体验是一种必然选择。

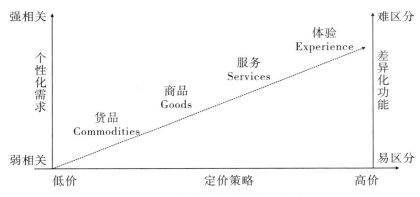

图1-1 体验管理是时代发展趋势

体验经济涉及企业文化和组织战略变革，基于数据的数字化体验管理平台开始应用。2018年，体验管理平台提供商Qualtrics公司被软件巨头SAP以80亿美元收购，创造了SaaS平台有史以来的最高收购记录。该事件让"体验管理"概念开始在全球范围被广泛提及。唐硕、倍市得、伊萨尔等体验咨询公司积极跟进体验管理数字化平台投资，提出体验管理解决方案。益普索（IPSOS）、埃森哲（Accenture）等传统研究咨询公司加快体验管理领域的人才招募和收购，扩大自己的体验管理团队规模。

二、体验经济影响到管理

体验都与人相关，脱离人的情感，体验无从谈起。通过有目的、有计划和有步骤的实践活动，体验本身拥有的能让人产生满足感的情感，将得以内化升华和释放呈现。所有体验都是个体与环境相遇时动态、连续相互作用所产生的结果。与以往的产品形态相比，可以作为产品售卖的体验具有很多特殊性，比如同一段体验过程，不同人的体验感受会不一样，同一人在不同预期情况下的体验感受也不一样。体验结果的不确定性为服务产品的差异化和定价策略的个性化提供了无限的可能，但也给体验的管理带来难度。

按照传统的做法，当企业决定向用户提供一个产品或一项服务后，市场、研发、设计、售后等不同职能部门的成员会组成团队。而在协同过程中，不同部门出于认知、责任、能力等原因，无法真正做到以用户为中心，而这些无疑会降低用户的忠诚度，影响品牌的价值感知。

而体验管理的做法则不同。首先，组建以用户为中心的设计团队，制定出清晰明确的用户体验策略目标和整体的价值主张，明确与用户体验相关的角色和职责并达成共识。其次，团队成员分工去定义用户是哪类群体，存在哪些体验场景，用户和产品之间有哪些服务接触点，等等。最后，对将要提供的产品或服务开展体验设计工作，以及提供定量和定性的体验评估指标。因此体验管理可以帮助企业提升用户的忠诚度，真正做到以用户为中心。

三、体验管理的发展历程

用户体验管理经历过质量管理、满意度管理、可用性管理再到体验管理的过程。20 世纪初期，伴随工业时代兴起，优质的产品就是消费者的体验诉求，此时检验、控制、六西格玛、数据抽样等质量管理手段开始普及应用。1960 年左右，随着用户价值链中的服务比重加大，企业希望能留住顾客，对用户体验诉求的关注点开始从用户满意度转移到用户忠诚度。1980 年左右，随着计算机的应用，用户界面、人机交互等成为用户体验的关注点，于是注重效率、有效性及满意度的可用性工程开始兴起。2000 年左右，国际标准组织开始定义以用户为中心的设计流程和方法，用户体验相关事项被工程化融入项目管理中。2010 年左右，在互联网企业的推波助澜下，用户体验一词出现井喷，大量企业的产品部成立体验设计团队，传统的售后部门或客服部门也随之转型甚至改名为用户体验部门。2020 年左右，在数字化转型时代大背景下，体验大数据的采集、处理和应用都变得容易，许多咨询公司开发出体验数据管理平台，于是全流程的体验管理开始兴起，不仅涵盖产品质量、品牌推广、运营策划等方面，而且衍生了用户体验管理、员工体验管理、品牌体验管理等多种领域。

关于如何理解和解决产品中的用户体验问题，从管理层面可以分为两个阶段。第一阶段是单维度、产品层次的"体验问题的闭环管理"，侧重于寻找并解决用户体验中出现的问题，然后修复、弥补缺陷和漏洞。第二阶段是多维度、跨组织的"多维全面的体验管理"，不局限于解决具体的体验问题，而是建立一个有效的机制，让团队运行一套能够持续提升用户体验的工作方式，多维度全触点开展体验管理。

第三节 体验管理知识体系框架

一、体验管理的三层知识结构

体验管理知识体系分为三个层次，分别是项目执行层、系统管理层和战略文化层，如图1-2所示。其中，项目执行层侧重体验管理的需求研究和设计执行能力，系统管理层侧重体验管理的流程机制和协调管控能力，战略文化层侧重体验管理的战略规划和文化建设能力。

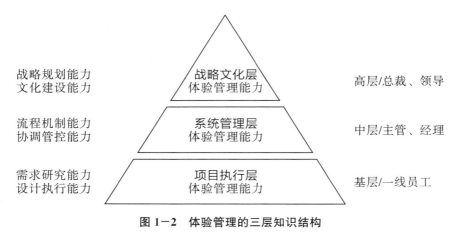

图1-2 体验管理的三层知识结构

体验管理的三层知识结构，恰好对应企业组织架构中三个层次的人事梯队。其中，项目执行层对应基层员工，其知识点主要覆盖一线员工的体验管理能力；系统管理层对应中层干部，其知识点主要覆盖主管、经理的体验管理能力；战略文化层对应高层团队，其知识点主要覆盖总裁、领导的体验管理能力。

二、体验管理的能力进阶路径

由 WinterHouse Institute 组织数百名国际教育工作者共同开发的 Pathways 模型是一个清晰而强大的框架，它可以规划解决不同层次和规模的复杂社会问题所需的资源和专业知识范围。体验管理的相关知识点丰富且复杂，借用该模型可以很好帮助构建体验管理知识结构和能力进阶路径。如图 1-3 所示，首先，体验管理相关知识点可以通过九宫格组织起来；其次，每个人可以根据自己职涯规划进阶学习所需知识点。

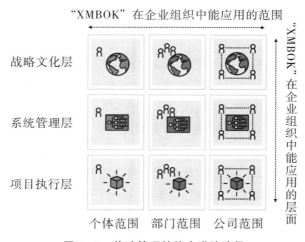

图 1-3 体验管理的能力进阶路径

（1）横向纬度是体验管理知识体系在企业组织中能影响的范围，从小到大依次是个体范围、部门范围、公司范围。

个体范围，是指体验管理知识体系仅对个体能力产生影响。通过学习这些知识点，个人提升自己的管理水平。

部门范围，是指体验管理知识体系能够影响到部门一群人。通过学习这些知识点，部门集体提升体验管理能力。

公司范围，是指体验管理知识体系能够影响到公司所有人。通过学习这些知识点，公司所有人提升体验管理意识。

（2）纵向纬度是体验管理知识体系在企业组织中能影响的层面，从低到高依次是项目执行层面、系统管理层面、战略文化层面。

项目执行层体验管理，是指体验管理知识体系影响到单个项目组，帮助项目组站在用户体验视角提升产品和服务质量。

系统管理层体验管理，是指体验管理知识体系影响到多个项目群，帮助项目群有能力做整体的体验协同和指标体系构建。

战略文化层体验管理，是指体验管理知识体系影响到了企业文化，帮助公司从战略上制定体验策略和建设体验组织架构。

三、体验管理的对象范畴界定

体验管理知识体系将对某产品或服务产生影响或者受到影响的相关人群，统称为"用户"。这里的用户包括消费者、使用者、内部员工、投资人、供应商等。

本知识体系将这些用户与某产品或服务所产生的体验关系，统称为"用户体验"。这里的"用户体验"包括消费者购买体验、使用者的操作体验、员工办公体验、投资洽谈体验、供应商合作体验等。

如图1-4所示，消费者和使用者有时是同一人，有时是不同的人。例如，一位家长买了一部手机给女儿使用，那么这位家长是手机的消费者，这位女儿是手机的使用者。那么，这家手机厂家的体验管理，不仅要关心这位家长的购买体验，也要关心这位女儿的操作体验。

图1-4 体验管理的对象范畴界定

一个企业若要提高上述用户的整体体验，那么，该企业的体验管理需要对上述用户体验涉及的全部工作进行有效的管理，有目的地向用户传递匹配品牌承诺的正面感受。

第二章 项目执行层体验管理能力

本章主要介绍体验管理知识体系的项目执行层所需要掌握的知识点。首先围绕"一线从业者如何以用户为中心执行任务"来参加体验策略制定、用户体验研究、体验设计执行和体验效果评估等知识点的研修学习，是践行用户满意度提升的关键动作。

基层员工学习项目执行层体验管理知识，将会提升其在用户体验方面的管理能力。一线员工离用户最近，甚至是产品连接用户的关键服务触点，如何帮助员工站在用户体验视角去提升产品和服务质量是本章要解决的现实问题。

第一节 项目执行层体验管理模型

项目执行层体验管理能力可以分为四个模块：制定体验策略、研究体验需求、开展体验设计和评估体验效果。这四个模块是先后有序的闭环关系，如图 2-1 所示。

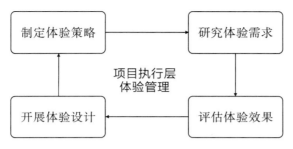

图 2-1　项目执行层体验管理

当下，企业或多或少会开展围绕以用户为中心的体验设计类项目或产品，且用户对其满意度较高。但是企业仍会面临一些困境或疑惑，比如：如何将产品设计流程以高效的方式进行管理？如何对设计效果进行有效的度量？在没有足够资源的情况下，企业以什么方式可以推动体验设计保质保量的落地执行？项目执行层体验管理知识点不仅可以有针对性地解决上述问题，而且可以在企业范围内进行推行，让企业快速积累体验管理的经验，实现体验管理指标的闭环跟踪，并在商业实践中不断验证和优化，从而为实现全面体验管理奠定基础。

项目执行层体验管理致力于从项目全局管理入手，通过制定体验策略厘清项目要达成的体验目标；通过研究体验需求持续洞察用户的痛点；通过开展体验设计有针对性地解决用户体验的问题；通过评估体验效果验证是否达成体验管理的目标。

第二节　制定体验策略

制定体验策略的目的是为体验管理项目指明方向，约束其内容范围，约定度量目标，让整个团队有预期、有标准、有计划地保障体验管理项目的落地执行。

一、明确项目的体验目标

（一）明确项目的体验目标：**What**

体验目标是指要充分满足用户在使用产品或服务过程的情感需求，涵盖主观感受与客观功能。目标是在一定时间内要达到的具有一定规模的期望，明确体验目标就是明确一定时间内要达到的用户体验期望或者效果。当需求方提出的体验目标未明确时，项目团队需要梳理或聚焦形成既定的体验目标。例如，当需求方提出想要通过设计提高某一产品的购买量时，产品方需要明确购买量下跌的原因。究竟是平台的页面设计问题导致点击量不高？还是因为缺乏广告推广导致新用户流入渠道受限？或是产品力本身不佳导致用户的复购率低下？不同的原因将引申出截然不同的体验目标和解决方案，这些都是需要在产品设计前明确的。

为了更全面地评估产品或服务的体验效果，通常会结合用户主观体验感受与产品客观指标表现，进行综合度量，即主观体验与客观指标测量两手抓。若单纯只考虑产品或服务的客观关键指标达成情况，在执行过程中容易忽视客观测量未能覆盖的主观体验问题。而主观体验的度量往往很难依据部分小范围的调研数据或者用户反馈信息制定出合理且易被执行管控的目标，用户体验目标需具备以下特性。

1. 目标可衡量。无论是主观还是客观体验目标的制定，都需要针对关键指标，制定出可衡量的目标。目标需要具体化，且可以通过定性或者定量的方式进行测量。用户体验目标最终要能够用于对比实际达成情况，并且可以用于验证最终与客户或经营指标（如 NPS 净推荐值）之间的相关性。

2. 目标有合理性。用户体验目标的设置，应当具有牵引作用。既可以让产品在力所能及的范畴内提升，又可以让大部分的产品都能够达成目标完成交付。制定目标时可以参考"二八原则"（即每次制定更新标准时，80％的项目努努力能够达成，20％不能正常达标。通过定期迭代目标标准，实现持续在不影响交付效率的基础上提升总体用户体验水平）。

3. 目标有基准线。体验目标达成与否，往往会受限于企业的人力、成本、技术、硬件条件等一系列因素的影响，建议项目团队需要在设置目标的同时制定好一条衡量基线，即未达标时，什么样的水平状态是用户体验可以接受的，允许产品有条件通过，满足上线要求。基准线的建立，有助于对产品的最低下限体验水平有一定的把控，确保其投放到市场上的产品能够满足用户正常的体验需求，不会对用户口碑造成过大的影响。

4. 目标能达成共识。体验目标的制定不是单向确定的，需要联合相关领域的负责人进行沟通，确认体验团队达成一致。体验管理负责人需要注意与产品关键领域的负责人保持密切协作，确保对于目标的评估能够按照节点要求完成，并且需要针对目标进行审核，及时依据体验侧的意见，驱动修正体验目标。

（二）明确项目的体验目标：**Why**

体验目标的制定，相当于为产品或服务设定期望值。通过用户评估，验证其是否符合市场需求。体验目标的设定，将会影响体验管理的落地。

从产品层面看，产品是否符合用户的预期，需要被验证和度量。产品规划时提出的问题，往往是紧紧围绕着目标要求的，如："如何提升产品的拉新和留存率？""如何降低核心用户的使用门槛？""如何打造一个产品以满足某业务场景中用户的特定需求？"专家可以设定解决问题的目标，明确工作方向的同时明确体验目标。明确体验目标时，要确保目标的合理性、可衡量性。同时，要注意明确目标的基线值或基线范围，避免执行评估时出现较大争议。目标输出后，需要确保每个关键指标的目标与相关领域的专家已经达成一致。

从团队层面看，在产品或服务体验执行之前，制定全局的体验目标，相当于明晰团队的全盘计划，这对于团队执行的界限、效率以及团队激励都有积极的作用。

（三）明确项目的体验目标：**How**

用户体验目标的制定往往需要基于大量的信息分析以及数据对比作为基础。所需要的信息分析，通常建议用三步法。

1. 看行业。项目团队需要在制定目标之前，先对行业内同类产品进行相应的了解。依据产品对象，通过具备用户反馈评价的渠道找寻对应的信息，如可以通过电商平台或者三方机构获取对应的信息。看行业的目的主要是找到用户对同类产品在体验上关注的重点，明确影响用户体验评价的关键指标。如，某企业属于手机行业，项目按照产品开发流程进行管理，即项目的执行都有明确的节点、明确的关键任务、流程化运作。在项目进行体验管理前，已经基于手机产品的特性制定体验策略以及评估模型，明确了手机用户体验管理的关键指标。在概念阶段制定体验目标时，首先会从大数据（用户反馈）系统导出同行业内价位段主流的电商平台（如京东、天猫等）、评测平台等用户实际使用后反馈的相关信息进行分析，了解此价位段手机产品的用户关注点主要在哪些方面，好评差评分别分布在哪些维度。

2. 看竞品。看完行业的整体情况之后，需要针对已经明确的对标竞品的用户反馈评价进行优劣势分析。这里的竞品，不仅仅是外部竞品，还建议包含同类型的上一代内部产品。内外部竞品分析可以帮助团队定位出产品存在的劣势，给项目团队提出改善提升的建议。梳理用户任务旅程图案例中，呈现了项目体验管理过程中的执行方式，即：针对当前负责产品的主要对标竞品，主流站点用户的反馈信息进行分析，总结归类关键指标下用户对竞品的正负向评价。

3. 看自己。在制定用户体验目标时，除了需要了解产品目标人群、卖点、配置等关键信息之外，还需要分析对应上一代产品的数据、评分以及用户反馈情况，作为产品分析的重要输入。全面分析产品的优劣势，并与竞品做竞争力的对比。

通过以上的"三步法"，对产品有更进一步的了解，结合对应的分析结果，制定产品目标。

（四）明确项目的体验目标：Sample

如图 2-2、图 2-3、表 2-1 及表 2-2 所示，是某企业提供的真实案例。是对上一代产品的用户反馈信息进行的分析。企业可根据自身具体情况来有针对性地应用操作办法。

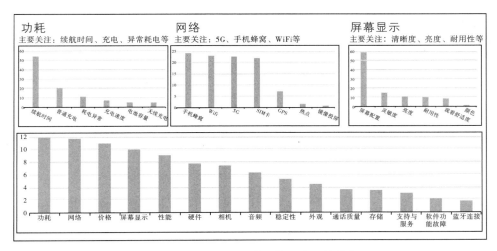

图 2-2 分析上一代产品的用户反馈信息

图 2-2 是通过亚马逊平台采集消费者对同一价位区间的产品评价反馈进行分析的，以此了解购买此价位段的消费群体的偏好，提取 top 关注点，重点比对，为产品团队输出有效的改善方向与建议。

表 2-1 参考内部用户体验评分制定初步目标值

	＄100＜＄199 权重	上一代产品得分	本品目标值	贡献值
性能	30％	78.2	74.3	22.29
功耗	20％	78.2	86	17.20
相机	20％	70.2	74	14.00
音质音量	15％	73.3	80	12.00
显示	5％	77.3	73	3.65
软件设计	5％	76.1	77	3.85
外观	5％	71.9	72	3.60
最终预计得分				76.59

表 2-1 用户体验评分制定初步目标值的目的是通过内部构建出来的用户体验模型预估本品的终端客户评价得分。比对上一代的内部得分情况，针对不同维度对比本品与其竞品的优劣势差距，推算出预估的得分，综合模型权重得出该产品的用户体验水平。

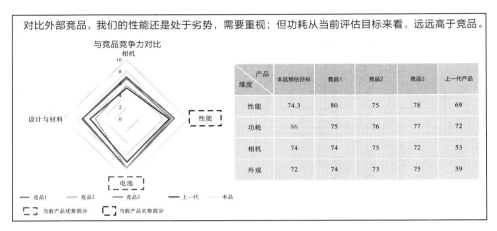

图 2-3　竞争力分析

图 2-3 通过与主流产品评分渠道（如手机评分网站）的相关维度进行对比分析，梳理出本品与竞品的优劣势所在，重点对劣势指标进行关注与提升，为产品团队输出超过竞品可执行的方向建议。

表 2-2　明确项目的体验目标

性能项目	A竞品 1	A竞品 2	A'	A	A 竞品 1	A 竞品 2	B	目标值	通过标准	可接受范围	测试目的
Antutu—GPU									≥目标值		跑分指标
Antutu—ROM									≥目标值		跑分指标
Antutu—RAM									≥目标值		跑分指标
高频操作响应									≥目标值		高频操作整体体验量化指标
海外第三方应用启动									≥目标值		海外区常用应用整体启动体验量化指标
中国区第三方应用启动									≥目标值		中国区常用应用整体启动体验量化指标
后台应用驻留率									≥目标值		后台应用驻留体验量化指标
跟手性									≥目标值		跟手性体验量化指标
FPS									≥满帧—1		流畅必量化指标
Free RAM									≥目标值	不同平台要求（trial run）	开机剩余内在量化指标

表 2-2 通过测试出产品中可实际衡量的指标数据，对本品的实际客观体

验水平有清晰的了解。可有效地与对标竞品进行客观数据比较，针对用户体验关键场景进行优劣衡量，进而有目的地推动劣势指标进行优化，以达到更好的用户体验预期。

二、梳理用户任务旅程图

（一）梳理用户任务旅程图：What

用户任务旅程图是呈现用户购买和使用产品或服务来完成某种任务的过程及各阶段的行为，描述过程中用户的预期、阻碍和付出成本等，帮助团队从用户顶层、全局视角下多维度寻找用户体验创新机会的可视化分析工具，如图2-4所示。

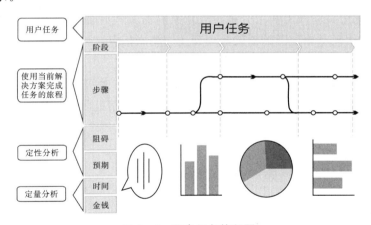

图 2-4　用户任务旅程图

用户体验目标设定之后，既定目标需要体现在用户任务中，让团队成员从全局视角理解目标的分布、相互关系，达成标准以及创新机会点。

用户任务：用户并非在购买产品或服务，而是"雇佣"某个产品或服务来完成某种"任务"。用户任务有三类，分为"核心功能性任务""情感任务"和"社交任务"。"情感任务"和"社交任务"是用户在执行"核心功能性任务"时，解决的情感或社交任务。用户任务一定要从用户视角出发，自顶向下挖掘。

用户完成任务的阶段和步骤：客观还原用户使用当前解决方案完成任务的

行动过程，透过行动的表象可以看到用户完成任务的现状。

旅程的定性分析：定性分析关注用户的驱动因素。可以从态度、生活背景及当前环境深入研究并找出影响行为与决策的关键因素。分析关键因素遇到的阻碍和用户原本的预期，把每个阶段或步骤中用户的阻碍与预期对应到旅程中。

旅程的定量分析：定量分析关注用户完成任务过程中每个阶段与步骤用户可感知的成本，包括时间成本、金钱成本等，目的是建立衡量任务完成度的评估标准。

在整个产品开发流程中，有三个阶段使用用户任务旅程图是非常有效的，分别是：需求收集阶段、需求分析阶段和解法初设阶段。

1. 需求收集阶段。需求收集要点是找到优质的问题线索，依据用户任务旅程图的结构，在需求收集的时候通过关注用户的任务、完成任务过程中遇到的阻碍和付出的成本等相关信息，以结构化的方式更聚焦、更完整地收集需求。

2. 需求分析阶段。需求分析阶段专家们需要找到痛点需求、找到创新的机会点，使用任务旅程图的框架梳理和还原调研信息，可以让企业从用户顶层目标和全局视角识别用户问题与潜在机会。

3. 解法初设阶段。该阶段是要找到用户决策的关键因子，通过新旧用户任务旅程图的对比衡量解法价值并量化决策因子，帮助团队更好地判断解法可行性。

（二）梳理用户任务旅程图：Why

产品体验创新过程中，项目团队需要来自用户的一手信息。于是团队需要深入现场，对众多用户进行深度访谈、观察。从现场收集回来的海量信息该如何有效地整理分析，怎么让团队能够更好地分享或从中找到创新的机会呢？每个人都有对美好生活的向往，而在通往理想期望的过程中会有一些阻碍或摩擦，这时候用户会"雇佣"某些产品或服务帮助跨过阻碍，消除摩擦来达成任务。例如，人们从 A 点到 B 点旅行都是期望能采用一个更快、更舒适、更方便的方式。亨利·福特正是关注到人们出行的任务才没有迭代"更快的马车"，而是提供了"汽车"这种新的解决方案，由此更好地达成人们出行的任务。因此，只有真正理解用户购买和使用产品的关键原因所在，才能创造更好地满足他们需要的新解决方案。

用户任务旅程图的主要作用有以下几个方面。

1. 避免产品设计者和决策者的管理员视角，更好地以用户任务的视角来看现有解决方案，从结果目标出发，真正考虑用户要什么，而不是有什么做什么。

2. 能够帮助团队看清楚用户达成目标过程的全貌，让团队能够从全局视角来思考，构建完整的用户体验。

3. 帮助团队看到用户达成任务的现有问题，对决策关键因子进行客观还原，帮助团队更好地进行机会决策。

4. 创建一个共同视角，团队中各环节的成员都能参与进来，对用户任务、行为、痛点等内容，达成共识，有效沟通和协作，找出解决方案。

用户任务旅程图与用户体验地图最大的不同点就在于加入了"用户任务"。在思考现有产品或服务前，先关注用户购买产品和服务所要达成的目标任务。避免团队将目光聚焦在现有解决方案或其他的某个方案里，让团队跳出用户现有的方式，跳出局部优化的思路，从整体来看更多的可能性。

使用用户任务的思维进行思考的优势在于它可以给团队提供一种自顶向下的视角，帮助团队从根本目标的层级来思考用户行为背后的原因。一方面，更深层级的用户任务思考解法，可以帮助团队找到更大的产品机会。另一方面，聚焦不同层级的用户任务，会产生完全不同的解法，获得更多创新概念。

（三）梳理用户任务旅程图：**How**

描绘一幅完整的用户任务旅程图需要进行系统性的研究，这个过程有五个关键步骤。

1. 明确核心用户是谁？这是构建任务旅程图的第一步。可以从团队前期已经构建好的用户画像中，提取任务旅程图的核心用户，并呈现关键人物画像信息。

2. 识别用户的任务是什么？这是整幅用户任务旅程图的基石。任务挖掘的过程推荐使用"5Why 法"进行深挖。"5Why 法"是从结果或现象入手，沿着因果链不断挖掘，直至找出问题根因的一种方法。通过这种不断追问的方式，透过用户行为分析背后用户真正的目标是什么。选择更高维度的任务进行挖掘，团队会得到一个更高价值的机会空间。

3. 构建完成任务的旅程，了解用户完成任务过程的全貌。用户完成任务的旅程往往很长，过程也比较复杂，将整个旅程划分为多个旅程阶段有利于团队的理解和沟通。仅识别出旅程阶段对于还原任务完成现状还不够，只有清晰梳理出每一个旅程阶段的具体行为步骤，才能真正看清用户是如何一步一步地达成目标的。上述内容可以通过对用户调研中有关用户行为的信息进行整理和提炼得到。

4. 对用户任务旅程进行定性分析。用户任务旅程图的横轴帮助团队了解用户完成任务过程的全貌，但对用户的洞察往往来自对旅程的进一步分析。旅程的分析包括定性和定量两个方面。定性分析关注用户遇到的阻碍和预期的关键因子。为什么需要关注用户的阻碍与预期？预期与现状之间的差距造成了问题，用户遇到的阻碍即是差距的一种表现，阻碍通常会以三种形式的信号出现：缺陷信号、瓶颈信号、冗余信号。缺陷信号是指用户觉得不够好的地方，用户常常会出现抱怨的情况。瓶颈信号是指以用户当前的能力难以进行的地方，用户往往会放弃。冗余信号是指用户出现重复操作的现象，如重复体力劳动。看到了差距、阻碍就说明潜藏着问题和机会。

5. 对用户任务旅程进行定量分析。旅程的定性分析可以帮助团队定位问题，识别到问题之后如何把问题澄清，如何衡量问题的价值呢？此时，定量的分析可以帮助团队量化问题的价值。通过金钱、时间、操作次数等维度的判断识别出真正的用户问题，归纳痛点和机会点。金钱维度是指可以通过定量分析用户任务旅程中直接付费的金钱、工时等相关隐性的成本，可根据规则转化为具体的金钱，把有压缩金钱成本空间的旅程阶段识别出来进行分析。时间维度是指对完成任务过程的每个阶段步骤进行时间统计，通过统计可以推导出用户的时间成本，用户消耗时间越长，说明用户任务完成的过程越费力。次数维度是指重复劳动对每个人来说都是非常繁琐的事情，通过统计用户出现"某个动作"或"某种行为模式"的频次可以进行问题的判断，当旅程中同样的行为出现多次重复、旅程中出现断点重新操作等都是低效旅程的信号。

用户任务旅程图制作过程的几点注意事项。

1. 明确用户任务旅程图将要支持怎样的业务目标。不要在前期未对产品进行思考，就忙于开工制作。旅程图中的很多数据是根据前期准备工作中的定性调研数据或用户画像中得出的，所以前期的数据很重要。

2. 用户任务旅程图是呈现用户完成任务过程中的行动，描述过程中用户的阻碍、期望、付出的成本，结合量化分析客观地呈现用户任务的机会点，是帮助团队寻找创新机会的可视化分析工具。

3. 明确用户的核心任务，要关注用户任务的层次，不要只限于具体产品和服务，而是从用户的任务（目标）视角出发，视角越高创新的价值越大。

4. 用户任务旅程图要与团队进行协同设计与共识。

5. 用户任务较多时一定要先识别出核心任务，再分主次地展开分析，避免在一张图里出现多个任务。

（四）梳理用户任务旅程图：Sample

以网络项目用户故障处理的旅程为例，赶往现场为用户处理问题往返花费的成本合计为 300 元。如果通过手机 APP 可以获知故障原因，不需要前往现场，成本可以压缩到原来的 50%。专家发现完成这个任务过程中的问题定位环节，即问题处理环节可以通过手机 APP 直接解决，则成本可以降低到接近零，这里就存在一个潜在的机会，如图 2-5 所示。

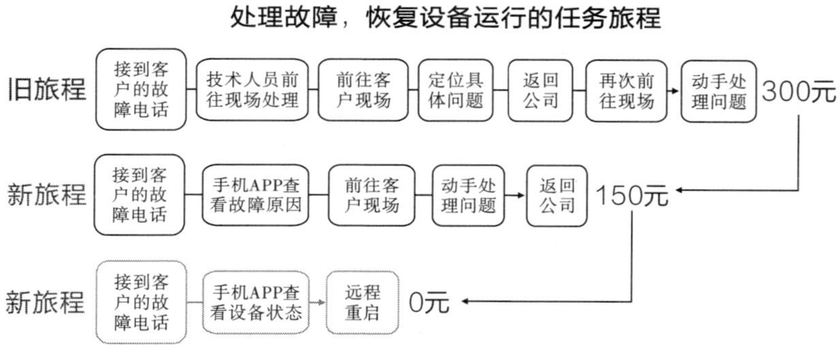

处理故障，恢复设备运行的任务旅程

问题类型	现在的解法	付费	最优解	付费
设备死机/掉线	去1次（3h）	150元	去0次（0h）	0元
设备故障/损坏	去2次（6h）	300元	去1次（3h）	150元

图 2-5　梳理用户任务旅程图

三、声明体验的价值主张

（一）声明体验的价值主张：What

价值主张是指产品向用户传播的交付价值，传达产品或服务将如何惠及用户，是产品或服务整体体验理念的传递。价值主张需要明确地声明三个方面的内容。

1. 概述产品将如何解决用户痛点或困境相关性。

2. 列举具体且关键的好处（场景量化）。

3. 竞争独特性，讲述为什么该产品比市场上的其他产品更受欢迎，其独特之处是什么。

价值主张是产品设计过程中面临的挑战之一，因为项目团队需要站在目标用户和潜在用户的角度思考。成功的价值主张，可以通过对用户利益的大量调研分析得出，产品对社会的价值传递主要来自对用户痛点的把握，通常产品最终会以通俗易懂的方式巧妙地传递价值主张。

（二）声明体验的价值主张：Why

声明体验价值主张的核心目的是要让产品在用户认知中变得与众不同，即拥有其独特的体验感，这将助力产品在商业上获得成功。产品能成为爆款，有更多的人去购买和使用，实现超出预期的销售目标，是每位企业管理者和产品经理孜孜不倦的追求。但现实往往是残酷的，产品要做成爆款的概率特别低，尤其在一些较为传统的领域和竞争较大的品类，产品缺乏价值主张是新产品失败的原因之一。

社会经济在发展，工厂效率在提升，品牌投入在加大，科技在不断进步，同时市场竞争也在加剧。商业环境在不断发生变化，商业竞争随着环境的改变也在不断升级。一个没有价值主张的品牌，就像一个没有灵魂的躯壳，不会引起任何情感。试想一下，一个没有心动的广告，一个屡屡灰尘的产品，一个冷冰冰的世界，任何销售活动都将沦为滑稽。没有美学的"移情"，每个人行走在陌生的街头，相互体贴似乎是久远而美丽的童话。这就是一个没有价值主张的品牌世界，如此心寒和唯我。但现实世界并非如此，品牌离不开价值主张。

因此，产品的体验价值主张在产品设计和营销中扮演着重要的角色，具有以下重要作用。

1. 突出产品特色。一个好的体验价值主张可以突出产品的独特性，使产品在竞争激烈的市场中脱颖而出，吸引潜在用户的注意。

2. 建立品牌认知度。体验价值主张可以帮助产品建立品牌认知度，使用户更容易记住和认识该品牌。

3. 提高用户忠诚度。一个好的体验价值主张可以提高用户的满意度和忠诚度，让用户更愿意继续使用该产品，从而提高用户留存率和转化率。

4. 提高市场占有率。通过提供独特的体验价值主张，产品可以吸引更多的潜在用户，同时提高市场占有率和销售收入。

5. 促进产品创新。体验价值主张可以帮助企业在特定的市场环境下，更加聚焦于用户的需求和痛点，促进产品创新和升级，使产品更符合用户的期望和需要。

（三）声明体验的价值主张：How

价值主张的声明包括定义用户、盈利战略、具体化表达、差异化突出和重复试验五个步骤。

1. 定义用户。首先需要尽可能准确地描述你的理想用户。从人口统计、行为、位置以及需求、愿望和抱负等角度考虑。它可以帮助创建角色，即你想要吸引的用户虚构档案。另外还应该考虑哪些用户不是目标用户，产品业务不可能对所有人都适用，如果太过广泛，产品价值主张将被淡化和失去价值主张的独特性。产品提供什么？提供给谁？它如何使用户受益？基于这三个问题，创建用户角色，用户角色对应产品想要吸引的最重要用户群。例如，学校附近的一家咖啡店可能会吸引学生、学生父母和当地的商业人群。这些用户角色将帮助项目团队形象化认识目标用户，并制定能与目标用户产生共鸣的品牌信息和营销策略。

2. 盈利战略。用户有自己的痛点和想要实现的目标。在制定价值主张时，应该描绘出产品如何解决用户的痛点并帮助用户实现目标。在这里，需要充分的考虑目标用户用户的需求，并分析产品和服务会产生哪些触点。

价值主张要围绕产品如何为用户带来便利的同时能够为企业创造更多收益来制定。除了考虑金钱、便利性或时间代价等因素外，还应该考虑用户从选择的解决方案中获得的情感价值。例如，锁匠可能会承诺 7×24 小时内到您家门口。这是一项方便的服务，但如何让用户感同身受，产生共鸣呢？结合场景，家中的孩子或老人因为门锁的原因被困家中时，就会触发用户的情感，开锁服务就不仅仅是一项便利服务，同时会承载关怀与爱的价值，这样的价值主张更容易被用户接受和铭记。

3. 具体化表达。价值主张要明确说明产品或服务如何满足用户的需求？可以通过量化收益的方法。一般情况下，通过口头传达或表面宣传很难让用户认可，也无法让用户第一时间意识到产品的全部价值。用户需要非常具体、直观地感知到所传递的价值，如数值或百分比。比如，产品最多可将您的能源成本降低 25％，产品可将您的工作效率提高 200％，等等，这是价值主张中不可或缺的一部分信息类型，越是具体化的东西越容易留下深刻印象。OPPO 手机在 2015 年提出"充电 5 分钟通话 2 小时"的口号家喻户晓，就是采用了具体化表达的方式，让体验价值主张深入人心。

4. 差异化突出。价值主张应该表明产品提供给用户无法从竞争中获得的独特优势。要做到这一点，必须展示产品本身的与众不同之处，差异化可以使产品在竞争中脱颖而出。要提出与用户产生共鸣的独特观点和表现方式，在此之前要充分了解用户的痛点和目标。

5. 重复试验。试验产品价值主张是否与现实生活中的用户群体达成了一致。向现有用户尝试分享产品价值主张，看是否能引起其共鸣。如果用户反映不知道产品价值主张的意思或者对用户没有产生有价值的帮助，那么调查者需要尝试用另外的表达方式传达给用户。如果失败了，就需要根据用户的累计反馈优化完善价值主张。

（四）声明体验的价值主张：**Sample**

根据用户的任务、痛点、受益诉求，得出产品的服务、痛点缓释与利益创造。例如，低代码开发工具的用户痛点有：开发重复工作量大、任务时间紧迫、开发技术门槛高。因此产品需要对用户的痛点进行缓释，让用户可以更高效地完成任务，并降低时间成本与任务门槛。声明体验的价值主张在解决用户的痛点并帮助用户解决问题的同时，可以实现产品/服务的盈利战略，如图 2-6 所示。

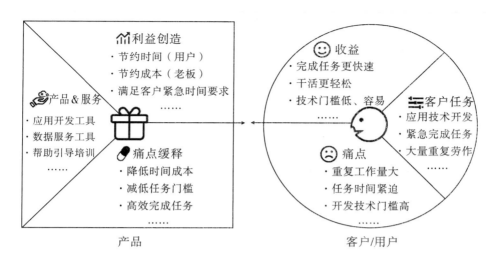

图 2－6　声明体验的价值主张

以下是生活中一些耳熟能详的品牌也会声明体验的价值主张。

1. Airbnb：Airbnb 的体验价值主张是提供一个世界各地的独特住宿体验。其口号是 "Belong Anywhere"，强调 Airbnb 希望帮助人们在旅途中找到归属感无论身在何处。

2. Coca-Cola：Coca-Cola 的体验价值主张是为人们带来快乐和美好的时刻。其口号是 "Taste the Feeling"，强调可口可乐希望带给人们独特的口感和无与伦比的美好体验。

3. Nike：Nike 的体验价值主张是激发人们的运动潜力。其口号是 "Just Do It"，强调 Nike 希望激发人们在运动中不断挑战自我、超越极限。

4. APPLE：APPLE 的体验价值主张是简单、优质、易用。其口号是 "Think Different"，强调 APPLE 的创新、独特和非凡的品牌形象。

5. TESLA：TESLA 的体验价值主张是高科技、环保、高性能。其口号是 "Accelerating the World's Transition to Sustainable Energy"，强调 TESLA 希望通过科技创新，推动世界走向可持续能源的转型。

四、制订体验的实施计划

（一）制订体验的实施计划：**What**

体验实施计划主要涵盖四个核心环节：体验需求分析、体验设计执行、体验设计验证和体验方案优化。

1. 体验需求分析。

体验需求分析主要是在体验设计项目前期的分析与研究工作，旨在进一步明确体验设计项目的背景、详细分析用户角色、任务细节步骤以及场景故事。

2. 体验设计执行。

体验设计执行是在需求分析的基础上进行设计实践，包括信息架构的设计、业务流程设计、模式分析与提取和原型设计，其中原型设计是设计执行的主要载体，是体验设计项目实践落地中重要的一环。原型设计用具象的、图形化的设计方案将用户体验产品过程中各个场景触点呈现出来，为项目落地提供依据与保障。

3. 体验设计验证。

在设计方案成型之后，可以找到真实用户对设计方案进行验证（当真实用户不方便参与时，可以用利益相关者替代，不建议开发人员与设计者直接验证）。设计验证阶段可以使用可用性测试、焦点小组等方式开展。

4. 体验方案优化。

对设计验证的结果进行评估，根据评估结果优化设计方案，使设计方案更加符合用户的真实使用场景，满足用户需求，达到产品的目标。从需求分析到方案优化这四个阶段是一个循环往复的过程，在循环往复中助力产品体验螺旋式上升。

（二）制订体验的实施计划：**Why**

制订体验计划的好处有：有助于顺利完成体验项目、提高体验项目质量和实现产品商业价值。

1. 顺利完成体验项目。

制订体验设计的计划是顺利完成体验项目的基础，一份好的计划能指引项目执行的进度，保证项目实施的有效性，确保体验项目不偏离目的地顺利完成。

2. 提高体验项目质量。

一份好的体验计划能调动团队成员完成项目前期、中期、后期的各项工作，有计划地识别使用者，了解用户的关注点，捕获竞品信息，有理有据地执行方案，确保产品体验目标的落地。

3. 实现产品商业价值。

一份好的体验计划有利于产品体验管理全过程的有效执行，确保在分析、设计、开发和度量的各个环节共同发力。在时间进度和质量把控上进行合理的平衡，有效帮助企业提高用户满意度、增强品牌忠诚度、提高复购率等关键业务指标，从而实现产品的商业价值。

（三）制订体验的实施计划：How

体验计划并不是一成不变的，产品所处的发展阶段、项目的紧急程度、产品的定位都决定了体验计划的制订方向。在实战中，根据每个项目的真实情况来制订体验计划，可以更加有效地实施计划。

1. 产品初期、产品成长期与产品成熟期，各有侧重。

产品初期，更加关注的是产品定位、产品目标与产品功能。因此体验需求阶段需要倾注更多时间。产品处于初创期，一般开发时间比较紧张，设计验证与优化的计划安排可以相对敏捷。

产品成长期，更加关注产品功能的有效性、操作流程的效率与产品的易学性。体验设计阶段需要倾注更多时间，有针对性地分析是否可以简化操作流程，怎样的设计方案可以提升效率，等等。此外，设计验证与优化也需要安排更多的时间，多方位打磨产品体验设计。

产品成熟期也是产品稳定期，则更加关注细节体验与人性化设计。这时候要把主要精力放在评估体验效果环节，分析市场上同类竞品的一些动向与升级，并结合用户不断与时俱进的需求变化进行分析调研，然后输出优化策略方案。

2. 紧急项目与一般项目，适当取舍。

制订体验计划时，紧急项目与一般项目有很大区别。当项目的时间相对宽裕时，可以根据产品的重要程度、产品所处的阶段，有条不紊地安排计划。但是，在实际企业的产品开发过程中，面对激烈竞争的市场形势，时间就是金钱，早一天进入市场可以占得先机。此时，有必要在有限的时间内做取舍，通常时间紧急的情况下，灵活安排各个阶段的活动，保证在既定的时间周期内交付产品。

3. 商业化产品与非商业化产品，张弛有度。

产品的重要程度（如是否为商业化产品）也会影响体验计划的制订。商业化产品以营利为目标，关乎企业的经营前景，非商业化产品可能是企业内部使用的产品（如 OA）或者临时产品。根据产品的重要程度制订体验计划，决定人力投入情况，保证最高性价比地提升企业核心产品的体验竞争力。

（四）制订体验的实施计划：**Sample**

企业要求某产品三个月内上线，并制定了产品的盈利方式与上线时间点。

接下来由项目团队制订体验计划。此产品为初创期，且时间紧、任务重，所以体验计划的制订力求平衡各个阶段，保证在有限的时间内顺利执行。具体体验计划表如表 2-3 所示。

表 2-3　××项目体验计划表

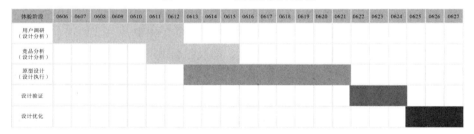

产品处于初创期，需要通过用户研究确定产品的使用对象与使用场景，通过竞品分析确定产品的功能框架与信息设计等。用户研究与竞品分析为设计阶段提供了强有力的支撑，由于 3 个月的项目周期限制，总共安排 10 天时间做相关分析。原型设计安排 9 天时间，输出整个产品的设计原型图，同时设计者需要与团队其他角色、选定用户进行沟通，验证设计的可行性与合理性。根据利益相关者的反馈与意见优化设计，设计雅和设计优化，持续 7 天左右的时间，设计方案定稿后进入产品开发阶段。

第三节　研究体验需求

制定体验策略是对产品或服务的系统性呈现，其中角色、任务、行为、情感、痛点及机会点等关键信息则需要在研究阶段进行更加详细的分析和验证。

一、用户角色分析

（一）用户角色分析：What

用户角色分析是指通过采集、处理和应用等一系列操作的主观数据和客观数据，将原本模糊复杂的目标用户清晰化，包括目标用户的社会标签、价值取向、行为习惯、认知特征等。最后采用可视化手段绘制出目标用户特征的人物角色模型。

一个好的人物角色模型强调用户特征之间的逻辑关系，弱化不太重要的细枝末节。并且人物角色模型中的用户特征均应当来自访谈调研或大数据分析的结果。每个特征描述都是基于一线的调查分析或后台的数据建模，才能真实反映或关联出目标用户的特征。

（二）用户角色分析：Why

用户角色分析的目的是梳理不同用户之间、用户与主观期望之间、用户与使用环境之间，以及用户与产品或服务之间的关系。通过可视化手段将其中的复杂关系逻辑通过人物角色模型直观呈现出来，使得即将开展的产品或服务的研发尽可能接近用户的真实需求。

用户角色分析的好处有以下几点。

1. 项目团队围绕直观的目标用户角色模型进行讨论需求，在前期需求分析阶段，要抛开个人喜好，提升需求沟通的有效性。

2. 项目团队围绕清晰的用户需求逻辑关系图聚集探讨深层次的用户动机和心理行为，避免把过多的心思花在边缘功能上。

3. 项目团队围绕目标用户的核心诉求，不仅可以确定产品或服务模块的研发优先级，提升用户满意度，而且可以为企业营销活动、组织架构、用户支持、战略规划及决策提供有价值的信息。

（三）用户角色分析：How

用户角色分析的步骤包括：数据采集、抽象提炼、分析整合、优先排序和可视化表达。

1. 数据采集。数据采集的主要方式：可以通过直接观察、数据统计等方式获得用户的兴趣偏好、地域分布和年龄特征等显性信息，也可以通过访谈交流、数据趋势等方式获得用户的行为习惯、价值取向和认知特征等隐性信息。深入一线访谈调研听取用户的真实声音，同时从已有的信息系统中读取与用户特征和行为相关的数据。数据采集的维度覆盖要尽可能全面，比如地域、性别、年龄、收入、教育经历、职业等，避免最终结果因维度缺失而出现明显数据偏差。

2. 抽象提炼。抽象提炼的主要方式：可以通过共情图工具进行信息提炼分组。在数据采集之后需要抽象提炼出目标用户的需求、目标、观点、痛点、态度、行为等。企业产品或服务需要一个确定的目标受众，提炼出的内容越具体越好。

3. 分析整合。分析整合有利于区分主要的用户角色类型。抽象提炼出目标用户特征后，需要基于目标用户的行为和需求进行分组，整合区分出主要的几类用户角色。用户角色不宜超过 5 个，如果太多，需要进一步抽象提炼。

4. 优先排序。确定优先级的主要考虑因素有出现频率、市场规模、收益潜力、竞争优势等。产品、市场、测试等主要决策者需要一起来完成用户角色的优先级排序工作。删减一些无法满足或者不具代表性的画像，挑选出产品的核心用户作为优先对象。在用户画像中最重要的用户角色，其对应的需求重要性和优先级也是最高的。

5. 可视化表达。采用图文并茂的方式，将抽象的文字描述具体化，丰富元素和场景，让用户角色的人物模型饱满真实。给用户角色取简洁明了的名字、口头禅、简单易记的关键特征，让画像人物特色鲜明，容易记忆和传播。

通过以上步骤，项目团队可以得到比较充分的用户角色分析结果，通常会采用用户画像的表现形式来展现分析结论。

以下是三种常用的用户画像方法。

1. 直奔目标用户画像法。这种用户画像法直达本质，聚焦于这一终极问题，即"核心用户希望通过一个企业产品来做什么？"直奔目标用户画像的目的在于，检验目标用户更倾向于通过使用所设计的产品或服务达到什么样的目的？该方法的前提是项目团队第一步的数据采集足够充分，明确产品给用户带来的价值，因此，通过检验用户的使用目标，就能满足用户生活中的需求。

2. 基于用户角色的用户画像。基于用户角色的用户画像也是以目标为直接导向的，不同的是，它聚焦于用户行为。此用户画像视角以大量的定性、定量数据为依据，重点考虑用户在组织中所扮演的角色。在一些情况下，产品设计需要考虑到用户在其所属组织以及更多生活场景中的角色，考量用户真实生活场景中的角色，能帮助项目团队做出更有利的决定。项目团队需要考虑但不限于这些问题，所设计的产品会在什么地方使用？用户的目的是什么？企业的商业目的是什么？这一角色还会影响到哪些人（相关利益者）？这一角色的出现会带来什么其他的功能实现？

3. 参与式用户画像。通过理解故事中的人物角色，更有可能创造出更生动、更接近现实情况的虚拟角色。参与式视角的目的在于转换体验设计者的角度，让设计者打破用户原有的刻板印象，了解用户的真实生活。

通常，关于用户画像的方法和应用更加注重对已有目标的现实特征描述，可称为用户的静态画像。动态用户画像是对用户的可能性、潜在性、趋势性特征的描述。动态用户画像对用发展的眼光看待潜在需求和生活愿景有重要的指导意义。

用户静态画像着眼于适应现在，而用户动态画像则是着眼于创造未来。用户动态画像的思维特征有以下三点。

1. 克服用户表层差异，寻找深层普遍性。项目团队通常认为，用户画像是为了细分用户，找出某类用户的特点，以便与其他用户区别开来，形成目标用户。所以"如果一个产品本身就没有目标用户，或者目标用户是从十岁到八十岁男女通吃"这种很粗略的定义，那么用户画像就没有了意义。其实，这是用户静态画像思维模式的反映，该模式认为用户的特点以及用户之间的区别是明显的、不变的（尤其喜欢从统计学特征来论证此点）。然而，人性是普遍的，人心是相通的，研究人的需求和行为的共性同样是有价值的。用户动态画像就是将人的差异之静态结果，变为人的共性之动态形成。比如，iPad 这样的产品，其使用用户就贯穿了"从十岁到八十岁男女"。无论男女老少，都能易学易用，这种理念指引下的用户画像，不再把用户的差异（如年龄、性别、行为习惯等）作为设计依据，而是把克服这种差异作为设计依据。

2. 从设计判断力而来的预见性。用户动态画像是由设计者主观设定的，并非凭空设定的，它需要符合现实生活的逻辑，具有生活的真实感。用户动态画像是对生活事物的本质洞察，是主观用户的客观化，抽象用户的具体化，潜在用户的现实化。提出"用户故事地图"的设计专家杰夫·帕顿把设计思维的预见性称为"从猜测开始"。这种"猜测"是设计者的经验、洞察和直觉不断迭代的过程，不断验证的过程，也是设计者不断修正自己对用户设定的过程。这是用户动态画像在设计流程层面表现为动态的一个原因。但不要因此低估设计者工作的严谨性。这里的"猜"并非"瞎猜"，而是设计者把自己的经验、知识、道德、审美融于理性，对问题本质进行直觉把握，在脑海中显现出用户和产品的形象，并用可视化的方式表达出来。在和现实的反复交互中，使潜在发展成为现实。这实际上是一种设计判断力，设计者的核心素质就是设计判断力。设计者能在日常生活中，处处发现不确定性的深渊，并尝试用理性之光照亮它们，给人的生活以新图景，这正是从设计者设计判断力而来的预见性的体现。

3. 用户画像的可迭代性。用户静态画像思维指尽可能准确地描述用户特征，然后根据用户画像来设计开发产品。用户画像一旦设定好就不宜变动了，否则在设计开发过程中就会无所适从。有了确定的用户画像，设计的方向和功能的选择就会比较明确。用户画像没有约定的需求，可以视作个人偏好。譬如，一个咖啡机的用户画像完成后，一个产品经理要求给这个咖啡机增加一个功能，煮好咖啡之后自动播放音乐，设计者是可以按要求设计出来的。然而，真实的场景中用户画像并不是这样的，煮好咖啡之后人们会自己取用，无需提醒。可见要想设计的产品不出现偏差，就要保证特定产品的用户画像是准确的，以此来确保设计研发过程的准确度和效率。但是如果这个设定不完全成立，即用户画像并没有切中用户的核心需求，那么产品的设计研发过程中就很容易出现偏差。而用户动态画像则提供了另一种思维方式。设计者充分意识到用户的不确定性，先根据可能性来假设用户，然后最快地做出最基本的产品原型，请用户测试，根据测试结果调整用户画像的设定、调整产品方案。

用户动态画像的描述方法，可以分为以下三个层面。

1. 信仰层面的潜在用户画像。设计者立足于人类普遍的渴望，不断发现人类发展着的共同需求，从而将可能性赋予用户。这些承载着可能性的用户，就是潜在用户。杰出的设计者心目中都具有这种永恒的、普遍的用户画像。它不是对人类现实境遇的迁就，而是对人类理想境界的奔赴。因此，这种用户画像可以说是信仰层面的潜在用户画像。这个层面，最典型的例子就是史蒂夫·乔布斯。人们说，乔布斯从不做用户研究，但是这只是从用户静态画像的角度来看的。如果从用户动态画像的角度看，乔布斯做的是真正深入的用户研究。他设计的产品的用户潜在于人性深处，着眼于未来。他要用他的产品，把人们从现实带到未来。乔布斯1997年8月在波士顿苹果世界大会演讲中谈到他心目中的用户画像时说："我想谈一谈苹果这个品牌以及它对我们的意义——我觉得一定是那些有不同想法的人才会买一台苹果电脑。我真的认为那些花钱买我们电脑的人的思考方式是与别人不同的。他们代表了这个世界的创新精神。他们不是一群碌碌庸庸只为完成工作的人，他们心中所想的是改变世界。他们会用一切可能的工具来实现它。我们要为这一群人制造这个工具。给那些一开始就支持我们产品的用户提供最好的服务。因为，经常有人说他们是疯子，但在我眼中他们却是天才，我们就是要为这些天才提供工具。"天才设计者眼里的用户也是天才，这是一个很有意思的现象。基于信仰层的潜在用户画像实际是天才设计者的投射。

2. 同理心层面的可能用户画像。同理心是指"理解别人的感觉、体验等的能力"。同理心对用户研究尤为重要，把用户的特征人格化（画像），让用户成为一个清晰的人，设计者就可以和这个角色同悲同喜，同呼吸共命运，获得一种感同身受的体会。设计者要有能力感觉到用户的感觉、体验到用户的体验。这是设计者主观能动性的发挥，是在想象中使自己站在用户立场。如果说，用户静态画像偏向于从客观数据来设定用户的话，那么，用户动态画像则更偏向从主观想象来设定用户。也许现实中的用户还没有抵达这样的生活境域，但设计者却能在想象中投身到用户的可能生活中，使一切细节历历在目，并形成一个生动真切的用户故事。正因为如此，卢克·米勒说"讲对故事才能做好设计"。例如，老板在审查团队设计的APP方案时，认为故事讲得不充分，要求团队陈述一个"细节更丰满的应用程序的故事"，实际上是要求提供更清晰的用户动态画像。如果企业只是对用户一天的生活做了一番当下的描述，其实是一种静态故事的还原。如果设计者可以将用户在使用产品时可能拥有的情感和用户对产品可能会有的期待都呈现出来，设计者就可以挖掘到更深层次的动态情境，这也是用户动态画像的魅力所在。

3. 设计流程层面的临时用户画像。为使设计流程合乎逻辑，需要根据产品设计理念来假设用户，这就是临时用户画像。用户画像是设计过程的逻辑起点，但是设计创新驱动力可能来自技术革新、意义革新甚至国家政策等，并不一定来自明显的用户需求。国外交互设计研究者伊丽莎白·古德曼等人也注意到这一点："在有些情况下，比如，新创企业利益相关者希望先开始开发，然后再抽时间创建经过充分研究的任务角色。在这种情况下，可以考虑创建临时人物角色，意味着记录团队对用户临时假设的草拟版本。"这个临时用户画像可能准确，也可能不准确，需要日后动态地调整，但是它使设计过程有了一个初始愿景，以便尝试做出快速原型来获得用户反馈。在产品设计中，经常会采用临时用户画像。例如，在设计临床医疗应用透析系统时，需要先给院方提供设计方案，团队成员根据已有的业务积累，快速构建临时用户画像，包括环境维度、患者维度以及家属维度的构想。由于对患者的身体状态预估不充分，在第一轮产品测试中，患者的面部识别遇到了很大的障碍，原因是没有对轮椅患者和普通患者进行分流，以及设备的高低进行调整。经过一轮测试和用户访谈，迅速抓住了关键信息，快速迭代了用户画像，既保证了产品落地的效率，同时也快速迭代了合理的解决方案。从这个层面看用户动态画像，就类似于胡适先生所讲的"大胆假设，小心求证"，这是正常设计流程所必需的探究阶段。

用户动态画像是设计者基于理想生活的愿景而对可能用户的设想。在"以用户为中心"的理念越来越深化的今天，这一概念为人们理解用户研究中的复杂性和设计思维的创造性提供了一个崭新的视角。它突破了人们对用户画像的静态理解，从而引导项目团队真正把思考重心从产品转换到用户，从重视产品迭代转换到重视用户迭代。同时，它也为设计者向相关受众阐述设计依据提供了一个恰当的术语工具。

（四）用户角色分析：**Sample**

如图 2-7 所示的画像为临时用户画像，来源于透析项目最初进行患者快速构建的阶段，信息主要由团队成员依据经验提供。透析中心的患者大多为长期患者，通常会在固定地点长期规律性治疗，患者主要分为两类：轮椅患者和普通患者。此用户画像为轮椅患者，其呈现了透析患者的生活状态，情绪状态以及就诊痛点。此类患者在进行就诊信息采集时，如患者身份核验、体重、血压等体征指标测量，需要充分考虑此类患者的移动动线、身体状态、轮椅高度等特征，这些信息将为项目团队的软硬件设计及设备布局提供重要的依据。

/ 个人信息 /

李奶奶72岁
退休/规律透析10年
躯体极度虚弱，前往治疗
时需要家人陪同

/ 生活状态 /

　　李奶奶已患病多年，除了每周三次的维持性血液透析以外，已无法接受其他治疗。长年的透析治疗，让她骨质疏松、躯体极度虚弱，基本丧失了生活处理的能力，出行都要依赖轮椅，前往治疗必须有亲属陪同。为此，亲属们都是轮番上阵，赶上大家都没有时间的时候，就要临时请护工陪同。陪护人送李奶奶进入治疗室后必须在医院的公共走廊等待，治疗结束后，护士喊到李奶奶名字时，陪护人要立即进去接李奶奶出来。

/ 情绪状态 /

　　李奶奶年事已高且患病多年，早已对疾病的治愈不抱任何希望。现在的她总觉得自己是一个累赘，给孩子们添了太多的麻烦。同时，病痛也无时无刻不在折磨着她，这让她对什么都不感兴趣，既没有尝试的欲望，也没有学习的耐心。

/ 就诊痛点 /

　　1. 临时陪护人员不熟悉就诊流程，李奶奶又不能亲自办理，错误频出。

　　2. 接诊区域空间小、障碍多，普通患者和轮椅患者混杂穿行，轮椅行动不便，易出危险。

　　3. 陪护人在公共走廊等待时，不清楚自己的血压状况，也不知道治疗进度，特别焦虑。

图2-7　久病难医的透析患者人物画像

　　如图2-8所示的画像主要从用户的两个层面进行描述，一方面属于个人属性，包括基本信息，价值追求，体验偏好。另一方面是职业属性，包括岗位要求，与利益相关者的关系。此用户画像为某三甲医院的住院医师，通过两个层面信息的呈现，全面理解这类医生用户的工作职责及工作场景，为医护系统的设计提供重要依据。

/ 个人信息 /

24岁/1年工作经验/爱学习爱实践/勤勉

一天工作中，在上午8点到11点是最繁忙的时候，其间不仅要处理老师下发的医嘱，同时还要应对家属的询问，帮助护士更改医嘱等，工作经常会被打断，刚到医院工作时斗志昂扬，一年后疲惫不堪。

/ 体验偏好 /

安全的　高效的　便捷的　易学的　专业的

/ 价值追求 /

服务患者　理论实践　社会责任

/ 岗位要求 /

1. 对患者进行检查、诊断、治疗，写医嘱并检查执行情况，同时还要做必要的检查和检验工作。

2. 书写病历。新入院患者的病历，一般应于患者入院后 24 小时内完成。检查和修改实习医师的病历记录。并负责患者住院期间的病程记录，及时完成出院病案小结。

3. 向主治医师及时报告诊断、治疗上的困难以及患者病情的变化，提出需要转科或出院的意见。

4. 住院医师对所管理的患者应全面负责，在下班以前，做好交班工作。对需要特殊观察的患者，用口头方式或书面方式向值班医师交班。

/ 应对患者 /

1. 接新患者：接待新入院患者，为新入院的患者记录信息。

2. 查房：一天中最首要的事情就是查房，拿着病历夹跟随主任逐个病床巡查，记录每个患者病情，针对患者病情和检验检查回报结果，在主任指导下，修改医嘱或修改治疗方案。

3. 解答患者问题：应对患者及家属的各种病情问题和咨询，应对患者的应急状况。

/ 应对医生 /

1. 交班：听夜班医生交代患者的情况。

2. 汇报患者信息：在主任查房时，提前向主任介绍管辖患者的病情病史等信息，以方便主任快速了解患者病情。对于新来患者，疑难病症患者向主任特殊说明。

3. 配合会诊专家：向会诊专家汇报该患者的病情，配合会诊。

/ 应对护士 /

下发医嘱：将患者的医嘱下发到护士处，护士执行，对于临时更改的医嘱或者有问题的医嘱，及时为护士处理。

/ 应对自己 /

1. 患者住院档案：将患者的病历及医嘱信息录入到系统中，监控患者检验检查的回报结果并及时通知患者和主任。

2. 自我学习：查阅患者病历信息，提升自我医学技能。

图 2-8　某三甲医院住院医师人物画像

二、任务步骤分解

（一）任务步骤分解：What

用户任务分解是指通过描绘用户为达成任务目标所采取的步骤或行为，将用户实际操作动作具体化，包括用户在操作过程中的心理动机、动作顺序以及环境影响等，最后采用可视化手段绘制出任务步骤分解图。

一个好的任务步骤分解图强调展示必须实地调查才能知情的关键步骤，弱化不太重要的冗长描述。任务步骤分解图的所有过程应当均来自实地考察，每个特征描述都是基于一线的调查分析和研究，能真实反映或关联出用户的任务操作过程。

（二）任务步骤分解：Why

用户任务步骤分解的目的是梳理用户为达成任务目标所采取的步骤先后顺序，通过可视化手段将其中的操作逻辑直观呈现出来，以便快捷地分析哪些任务可以优化，哪些任务可以跳过，使得未来要投放市场的产品或服务能够尽可能减轻用户的操作负担。

用户任务步骤分解的好处如下：

1. 项目团队围绕直观的任务步骤分解图去讨论需求，包括用户的任务目标是什么，用户何时何地开始一项任务，用户需要多长时间完成任务，等等。

2. 项目团队围绕清晰的操作步骤逻辑关系，可以聚集探讨深层次的心理动机和文化诉求，包括用户的经验知识如何影响任务的处理方式，物理环境如何影响用户的行为，用户在执行操作过程中是开心还是厌烦，有哪些步骤可以被裁剪，等等。

（三）任务步骤分解：How

用户任务分解的步骤有明确分析对象、执行任务分解、绘制分解图表和验证分析结果。

1. 明确分析对象：用于执行任务分析的数据可以来自用户访谈，观察性研究或其他一些方法。通常在同理心用户的阶段，需要着重关注这些信息。

（1）触发点：是什么促使用户开始这些任务？

（2）预期结果：用户如何判断任务已经结束了？

（3）信息基础：在启动某个任务的时候，有哪些是用户已经掌握的信息或技能？

（4）信息要求：有哪些是用户为了完成任务而必须使用的信息或技能？

（5）工具：在执行任务过程中，用户会使用到的工具都有什么？需关注用户在完成此任务过程中产生的情感任务和社交任务。

明确任务分析对象时，可以结合用户任务旅程图中的具体方法，从用户顶层和全局视角多维度思考用户任务，详细参考用户任务旅程图章节。

2. 执行任务分解：将主要目标任务分解为子任务，每个任务都可以拆分成 4~8 个次级任务，层层分解，直到具体的交互点。每个子任务都需要自己的目标。值得注意的是任务分解关注的是用户尝试完成一个目标，而不是用户尝试怎样使用现有产品。

3. 绘制分解图表：基于任务分解画出结构图，然后针对结构图的每一个用户行为，补充完善其动机和外部环境。图表本身并不能说明整个故事，同时对于不熟悉业务的团队成员作用微乎其微。因此，作为图表的伴侣，以叙事形式写出整个故事会更加有效。

4. 验证分析结果：需要另找同样理解这个任务的成员，检查验证任务分解的合理性和完整性，以确保分析无遗漏，且对用户目标理解的一致性。

任务步骤分解有以下原则。①关注用户任务过程而非系统功能，尽量不考虑技术是否能够实现。②按任务的重要性、频繁度、满意度三个维度对任务的优先级打分，将重要、频繁且满意度较低的任务设为高优先级，按优先级顺序对任务进行分析和优化。

（四）任务步骤分解：Sample

以复诊任务分解为例。复诊一般是指患者初诊之后，再去看医生，评估病情。通常同一天内，患者复诊不需要重复挂号，但需要在分诊处进行重新排队，进入看诊队列。复诊医生可能是初诊医生，也可能更换医生，这就需要分诊医生为患者核对身份，确认复诊医生。针对复诊患者登记的流程，如图 2-9 所示。

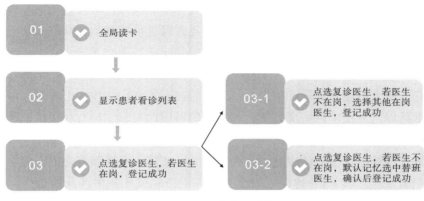

图 2—9　任务步骤分解

三、描述场景故事

（一）描述场景故事：What

描述场景故事是指以描述性的语言讲述一个故事，或者通过"用户旅程地图"等方法，完整表述用户是如何与产品交互，在特定环境下完成特定任务的。

描述场景故事需要有非常严谨的用户研究成果作为输入。项目团队应避免将可用性需求理解为功能需求，因为功能需求容易将思维陷入到先假定一个解决方案的漩涡中，但此方案很可能不适用于用户及其工作流程。在设计之前约束解决方案很容易导致不合理的交互方式和产品形态，同时也将大大限制产品体验目标的实现。

（二）描述场景故事：Why

场景是以叙述作为设计工具，是一种非常高效的设计方式。通过场景来想象用户是如何使用产品的，可以更充分地调动团队的创造力，很多优秀的设计创意可以快速在团队内进行分享，同时围绕场景设计出的体验更易于用户理解和参与。

场景描述中包含来自用户任务和上下文分析的组件，可以生动地呈现未来用户与产品的交互行为。在产品的视觉描述方面也很有效，尤其可以结合快速灵活的视觉工具，可以完美激发，想象呈现和验证各种交互概念。

场景描述需要充分考虑用户群的需求，是从需求着手，而非解决方案开始。它能最大可能地遵守产品定义，尤其是在不断变化的技术出现时，最本质的需求可以延伸出多种解决方案，在明确的可用性需求中，方便项目团队找到可行的最佳解决方案。

场景描述决定了设计中的"什么"问题，在进入设计环节之前，阐明交互中用户需要"什么"，并达成一致很关键。用户完成任务中涉及的行为，例如如何操作、感觉如何、用户期望，这些都需要在设计前进行细节明确，很多团队总想跳过这个环节直接进入到细节设计中，从而会存在很多风险。比如，浪费大量精力在非核心需求中，或者设计方案中欠缺考虑评估的可行性，导致项目团队或者利益相关者中产生"我喜欢"对抗"你喜欢"的主观差异。

（三）描述场景故事：How

场景故事代表目标导向产品的未来情境，应避免深陷在细节交互描述中，要更着眼于该用户角色的目标。在技术允许的范围内描述最佳且可行的体验。

这里主要介绍基于用户角色的场景构建，用叙事的方式描述用户使用产品或服务实现具体目标的过程。主要聚焦于用户的动机、需求和目标。这个用户角色以自己最典型的方式，使用产品的未来版本，展现用户使用场景，包括行为方式、感知和期望以及环境和组织的约束。

典型的场景描述通常给人一种"××的一天"的感觉，描述几个小时内或一天当中的一系列任务，场景描述把活动放在鲜活的生活之中，解释人们如何使用与其相关的产品或服务，它不抽象和冰冷，反而能反映出使用者的内心感受。

场景描述是建立在一天或者有意义的一段时间中，用户与系统之间或者用户与其他触点之间的交互活动。情境场景避免描述交互细节，而应该从用户的角度专注于高层次的动作，挖掘用户需求。

1. 场景描述中可以涵盖以下问题。

（1）产品在什么背景下使用？

（2）用户工作过程中是否经常被打断？

（3）是否与其他产品一起使用？

（4）用户面临的困难有哪些？

（5）使用产品的最终结果是什么？

（6）用户的技能和使用频率，允许的复杂程度有多大？

2. 用户的使用场景是目标导向的未来场景，因此在描述的过程中应避免被固有技术所限制，它主要关注以下几点。

（1）衡量标准。用户的工作目标以及商业目标共同形成可评估的目标。工作目标主要来源于用户访谈以及用户工作 KPI，商业目标则主要来源于利益相关者的访谈提取。

（2）优先级。在需求多、资源少的情况下，需求的优先级划分尤其重要。通常项目团队很容易陷入丢掉西瓜，被一粒粒"芝麻"蒙蔽双眼的局面，导致资源浪费，获益少。通过四象限分析法判断需求的优先级，依据需求的使用频率、重要性及满意度来衡量其优先级。在收集可用性需求的这些维度指标时，可以采用用户调研或者用户专家代理的方式。在需求按照优先级落地的过程中，势必会和开发团队存在博弈，则需要考虑技术可行性及产品开发周期。

（四）描述场景故事：Sample

示例一：人力资源专员办理员工入职业务的场景描述。

1. 人物背景：凯蒂，23 岁，阳光女孩，某企业招聘专员。本科以上学历；计算机水平为初级，一般情况只操作固定的几个软件，遇到问题经常需要求助同事；上岗之前经过培训应用背景。

2. 场景描述：一年一度的招聘旺季已经来临，企业在这段时间内每天都有大量的新员工入职。凯蒂今天要接受 30 名新员工的报到。早晨 9 点钟，报到的新员工基本到齐，她和助手把大家集中在一个培训教室里。

凯蒂给每人发了一张个人基本信息表，这张表包含了个人基本信息、教育经历、家庭关系、工作经历等。新员工们在填写结束后，凯蒂拿出合同并叫每个人的名字来领合同，分发结束后凯蒂和助手也不断指导大家如何填写细则，填写并核实无误后，告知新员工去办理工卡等其他的手续，并发一份新员工指南指导后续事情的办理。

凯蒂将新员工填写过的信息整理好，将这些信息录入人力资源系统中。由于之前经过了培训，再加上系统也使用了将近两年，所以比较熟练。凯蒂打开入职菜单，输入第一个新员工身份证号码进行查看。由于新员工都投过电子简历，系统记录了他们的信息，很快就关联出了凯蒂输入的新员工的信息。核对没有问题之后，她紧接着录入合同信息，由于现在规定新员工的试用期都是6个月，因此很多项已有默认信息，凯蒂只需要录入很少的几个字段，一个新员工的基本信息就录入成功了。依次，凯蒂用一个多小时就将新入职的30名员工信息记录好了。

3. 衡量标准：保证新员工合同签署的正确性，准确无误地将信息录入系统中，做好新员工入职指导的第一步。

4. 交互技术。

（1）输入身份证后，自动关联相关信息。

（2）需要一定的时间，系统响应在3秒钟以内输出结果或完成操作。

（3）通用信息默认，提高信息录入效率。

示例二：某大学数字健康护航大学生健康的场景描述。

1. 人物背景：同学A，23岁，某医院管理专业研究生，同时是某大型医院的实习生。

2. 场景描述：2022年12月下旬的一天，来自医院管理专业的四名研究生从神经内科科室实习回来，进行实习总结会。其中同学A提出："目前临床科室中确认感染疱疹类皮肤疾病的患者越来越多，而且传染性非常强，我们还可以去临床科室实习吗？"

同学B回答："学院实习指导老师建议我们要继续进行临床科室的轮转实习。虽然目前该皮肤病传染性强且会伴随着发烧、胸闷等症状，但是我们作为一名医学生，当前正是需要我们的关键时刻，大家不要有畏难情绪。"

此时，教研室负责研究生实习管理的黎老师陷入了沉思。因为他知道该皮肤病具有较强的传染性和致病性，目前已冲击了临床医生和护理人员、医院管理者。如果让这四名医学生去临床科室实习，会有很大的可能被传染。然而，同学们一腔热血和勇于奉献的精神深深地感动着黎老师。如何做出这个两难的抉择？

通过请示研究生院领导，黎老师得到的回复是"加强防护并继续实习"。黎老师立刻和同教研室领导、同事讨论对策并制定了行动方案，全力确保实习学生的健康和安全。首先，安排四名实习生到医院的管理部门轮转实习，一来该部门防范措施较强，有助于实习学生采取较好的防护，二来可以增加实习生对重大公共卫生事件中医院管理的认识。其次，针对可能发生感染的实习生制定了预案，确保健康风险监测和在本院就医绿色通道的安排。鉴于实习生较多，教研室老师较少且教学任务重等现实条件，教研室领导结合数字健康管理平台和穿戴式设备，进行了健康管理模式的创新。利用附属医院的医疗资源构建健康服务体系，力求即时、高效、低成本地应对实习学生的健康风险进行科学管理。同时，黎老师负责教研室的研究生管理工作，按照学校和学院相关要求，黎老师主动承担起学生健康风险管理责任人的职责。

在医院管理部门实习的第二天早上七点半，黎老师刚到办公室就接到来自实习同学 C 的电话。电话里同学 C 气息很虚弱地说："老师早上好！我已经确认得了该皮肤疾病，现在体温高达 39℃，心慌胸闷，全身酸软无力难受。我担心自己身体状况，想请个假，可以吗？"听到这个消息，黎老师心里一惊，之前的担心变成现实了！"可以的，你先在寝室好好休息。我一会把数字健康腕表带过来给你，以便你随时测量体温、呼吸、血氧饱和度、心率和血压等核心指标，正确判断风险。如果这些指标有加重的异常趋势，那教研室会协助你进入医院急诊科及时救治。"黎老师按照事先制定的方案对同学 C 说道，并安慰了该同学。

黎老师很快就联系上数字健康管理平台，并将该管理平台部署到教研室的电脑和教研室老师的手机上。同时，黎老师将该平台快递来的数字化健康监测的腕表带到同学 C 的寝室楼下，并给她佩戴上。同学 C 通过手机下载配套的数字健康管理专用 APP，并进行安装和注册。黎老师把同学 C 佩戴的健康监测腕表设备号发给管理平台确认，开通体温、呼吸频率、血氧饱和度、心率和血压等核心指标的测量项目。几乎同时，分别在同学 C 和黎老师手机上的健康管理 APP 上就显示出 C 同学的生命指标数据：体温 39.2℃、呼吸频率 21 次/分钟、血氧饱和度 90%、心率 102 次/分钟、血压 132mmHg/88 mmHg。部署在教研室电脑上的健康管理平台上也同步显示出上述核心指标数据。同学 C 感谢及时送来健康监测腕表的黎老师后，慢步回到自己的寝室休息。虽然同寝室的同学都去实习了，但是她不觉得孤单和害怕。因为她知道，智能化的健康管理平台在实时采集她的健康数据，并动态运算出健康结果，预测健康风险，传递给教研室老师、自己及她的家人。如果健康管理平台预测出她有生命体征病情变坏的趋势，平台会自动报警并发通知给教研室老师、自己及她的家人。

黎老师告别同学 C 后，就在回办公室的路上查看她的实时健康数据，特别是关注她的心率、体温和血氧饱和度等指标。因为最新的临床报告和循证医学证据表明，有少数皮肤性疾病患者如果服药，会出现药物副作用，即血氧饱和度异常。该症状往往出现在老年患者中，虽然血氧饱和度等指标异常，但是患者本人没有明显的不适症状。正因如此，等到该类患者被发现指标异常时，往往已伴随发生其他部位的严重感染，而错失最佳治疗时间。

"同学C虽然还很年轻，她也说没有基础疾病，但是还是要考虑到极端情况。何况寝室就她一个人，需要定期检测血氧饱和度等指标。现在通过手机上的健康监测APP就可以定期看她的关键监测指标，真的很方便。按照学院的规定，我们教研室老师要定期打电话和她沟通，询问其感觉症状，这样能把主观判断和客观数据结合起来，就更有利于医生进行正确判断。如果再建立一个医生、药师、心理咨询师的专业群，让同学C和大家在微信群里及时询问或沟通，那就更好了……"黎老师想到这里，立刻请示教研室领导。得到同意后，黎老师马上联系了医院的全科医生、临床药师、临床营养师，取得同意后，将上述医生和同学C拉入"远程健康管理群"。同学C得知在该群里可以询问健康相关问题后，就开始针对自己的不适、如何安全用药等问题进行在线咨询。上述医生也结合同学C说的症状和健康监测平台提供的客观数据，进行分析，为同学C提供相关意见和建议。就在当天下午，同学C被家人开车接回家了。不管在回家途中，还是在距离教研室200多公里外的家里，同学C的健康数据都随时被采集和分析。科技健康护航相伴的经历，使同学C感谢教研室提供的数字化健康管理支撑的同时也感慨如今的健康科技的智能和便利。

当天晚上九点，黎老师在家休息前，又查看了同学C的健康数据：体温38.3℃、呼吸频率17次/分钟、血氧饱和度93%、心率82次/分钟、血压122mmHg/84mmHg。虽然上述数据还不在正常范围内，但是相比白天有所好转。致电同学C并询问得知症状没加重后，黎老师才松一口气。"请按医嘱服用解热镇痛药，早点休息哦。"黎老师语重心长地嘱咐同学C。第一天算安全度过，希望今晚不会有同学C疾病风险预警的警报，希望明天也顺利吧！带着这份希望，黎老师进入了梦乡。

第二天早上起床，黎老师就迫不及待查看手机上数字健康管理平台数据，同学C的核心生命健康数据一切平稳。正当黎老师吃完早饭准备离家时，接到实习同学的电话："黎老师好！我们另外3位同学有头疼发热、呼吸困难的症状，估计我们都感染了疱疹类疾病……"收到这个消息，黎老师感慨该疾病的传染性太强了，也马上按照教研室的应急方案，为他们送去并协助佩戴上健康监测的腕表，开展远程健康监测。"还好有这套健康监测腕表和管理平台，不然我一个人如何高效应对四位同学的健康监测和管理工作……"黎老师回到办公室，盯着教研室办公电脑屏幕上数字健康管理平台的显示界面感叹道。

"黎老师,四位实习同学健康状况如何啦?"教研室领导问道。"报告领导,目前已经开展远程健康数字化监测和管理,截至目前来看,他们生命指标数据有异常,但还在可控范围内。我通过手机 APP 可以密切关注他们的核心健康数据,健康管理平台上的人工智能算法也会定期进行风险预警。现在已建立远程健康咨询平台,四位同学和医生、药师、营养师、心理咨询师都在同一个群,可以进行互动咨询。"黎老师向领导汇报完毕,接着拿出手机给领导展示四位同学的健康数据指标。领导仔细看了看,肯定了黎老师的工作进展,并要求继续进行健康监测,如果有异常情况,就按学校学院相关文件规定及时处理。

时间飞逝,一周过去了,每天的健康监测还在继续。四位同学的健康数据都有变化,也有症状加重的。好在通过每天健康数据监测、生活方式调整及保持营养、按时服药等,四位同学的病情最终得到康复。2023 年 1 月上旬,康复后的四位同学又来到教研室报到,继续开始在医院管理岗位上的实习。康复期的他们,仍然有健康监测的腕表和管理平台的护航。

3. 衡量标准。

(1)将患病同学的生命指标数据实时传送并实时监控,以确保同学的健康安全。

(2)确保同学的健康情况询问可以得到实时解答,做好身体及心理的双重支持。

4. 交互技术。

(1)数字触点:学生的健康监测腕表可以实时采集生命指标数据并实时传送至监控平台,并给出预警。教师可实时查看多个学生的生命指标数据。

(2)人工触点:在健康社群互动中,可以得到及时的咨询反馈,涵盖数据异常咨询、药品咨询、心理咨询、营养咨询等方面。

第四节　开展体验设计

研究体验需求阶段所产出的定性分析与定量分析是产品体验设计阶段的关键输入,并可提供更多科学依据。从信息架构设计,模式分析以及原型设计,都需要充分考虑是否满足用户使用场景、是否有利于达成体验目标。在此过程中，沉淀服务于数字化产品设计的一系列具有内在关联性的、组织有序的设计模式与实践方法，为系统级体验管理能力的建设提供输入与支撑。

一、信息架构

（一）信息架构：What

信息架构（Information Architecture，IA）是一门关于内容如何构建的科学，是使信息易于查找和理解的技术和实践，适用于门户网站、博客、电商平台、内容平台、信息系统、应用软件等数字产品的全新构建或重新设计。

数轮信息技术革命，使得人类社会迎来了史无前例的信息大爆炸，并持续应对信息过载所带来的诸多挑战。能够帮助人们更好地组织、查找和利用信息的新技术和新工具不断涌现，相应的内容构建和管理的方法和实践也在不断产生。

信息架构设计主要解决什么问题？现阶段，信息架构设计的目标是以清晰易懂的方式对内容进行分类并合理编排内容区块之间的关系，让用户更轻松地找到他们需要的东西。它包括搜索、浏览、分类和呈现相关的上下文信息，以帮助人们了解身处的环境（信息场所）并找到他们想要获取的信息。

那么，信息架构设计的底层逻辑是什么？可以通过一些例子窥其端倪。例如，通过某电商平台数据报告，可以了解到全品类以及细分品类 SKU 的变化情况，品牌数量及品牌热度的变化情况，以此分析平台商品丰富度及内在的增长动力。还可以了解到不同渠道的 GMV 增长率及占比，以及相应的用户活跃度及新用户增长率，以此分析渠道有效性及获客成本的高低。不难发现，在构建和表达信息时，一定会涉及信息架构，即内容的标签（命名）、组织方案和组织结构。并且，它由内容、用户和情境三者共同决定——用户出于何种目的在什么情境下如何创建、搜索、使用和分享何种类型的内容。

内容、用户和情境实践是有效信息架构 IA 设计的基础。如果信息框架构建师仅仅使用内容去构建信息架，那么很难做出了不起的方案。同时，无论是网站、互联网平台、应用软件，还是企业内部的信息系统，都不是无机的、静止不动的架构；相反，任何网站、互联网平台、应用软件，还是企业内部的信息系统所构成的信息场所，都是一个有机的、动态的、适应性很强的"信息生态"。内容、用户和情境在这样的信息生态中相互依赖，而信息架构则是建立这种关系的稳定基础，这也是信息架构为何成为一门科学的原因，如图 2－10 所示。

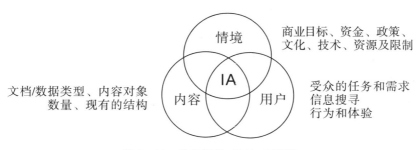

图 2－10　信息架构（IA）三要素

那么，信息架构设计的具体工作是什么？会产生哪些工作成果？

信息架构设计的主要工作是对内容进行组织和标记，使产品易于理解和使用，进而创造积极的用户体验，其产出的成果就是数字产品的信息架构。

信息架构是开展用户界面设计和用户体验设计的基础，这三者的区别和联系是：信息架构是信息场所的内容组织方式，用户界面是信息场所的交互媒介，而用户体验则是用户在信息场所内，通过与 UI 交互达成目标的过程中产生的全部心理感受。

（二）信息架构：Why

人们早已身处比特洪流之中，在信息生态的生长和演化过程中，人们必须应对由于信息过载而引发的一系列问题和挑战，而解决方案的核心就在于信息架构设计及相关工具、技术的不断升级。

信息架构设计是数字产品设计的基础部分和核心内容。

以三类数字产品为例，说明信息架构设计在数字产品设计中的作用。

1. 网站的信息架构设计。在网站设计过程中，首要解决的问题就是对网站所承载的信息的正确分类，定义合理的信息层级（导航层级）并最终形成网站地图，并合理布局每一个网页所要呈现的主题内容，并在网页中提供相关信息的访问路径，以让用户可以无障碍地根据自己的需求找寻和浏览目标信息。同时，还要规划和设计网站的搜索功能，并确保全部网页针对搜索引擎做出优化，以使得用户可以带着明确的目的，通过搜索引擎或站内搜索功能直达目的地。

2. 电商、短视频等互联网平台的信息架构设计。互联网平台的信息架构设计，首先要定义核心业务实体的元数据，实体间关系以及核心业务流程。例如，对于电商平台而言，至少涉及店铺、商品、订单等核心业务实体，商品在店铺上架，用户选购商品下单后完成交易，这是业务的主线。而后，围绕这一主线，识别并分析消费者、商家、运营人员等系统参与者，并定义其职责，进而规划相应的子系统（例如消费者端、商家端、运营管理系统）及功能。最后，像网站设计一样，设计内容分类、导航、搜索等全局信息架构，以及商品详情等具体页面的内容、布局和相关信息，并构建原型系统概要性的展示信息架构设计，并通过可用性测试等方式对信息架构的有效性进行测试和评估。

3. 信息系统的信息架构设计。信息系统（Information System，IS），是指由计算机硬件、网络和通信设备、软件、信息资源、用户和规章制度组成的以处理信息流为目的的人机一体化系统。首先，信息架构是关于信息系统如何实现用户需求的高层次定义，通过信息架构，可初步判断系统能否覆盖用户需求（包括用户角色、场景、任务、业务实体及行为等），即定义了系统的边界。其次，信息架构是对业务的高度抽象，可确保各部分"相互独立、完全穷尽"，即信息架构中出现的功能、业务实体、行为（业务操作）等要素均被合理归纳和组织，既无遗漏，也无重复。

综上所述，虽然对于不同类型的数字产品而言，开展信息架构设计的方法、技术和成果物有所不同，但其本质和目标却高度相同——基于数字产品聚焦的内容、用户和情境，找到关于内容如何构建，以使其易于查找和理解的可行方案，以便于数字产品更好地满足用户目标与商业目标。

（三）信息架构：How

在实际开展信息架构设计工作之前，需要具备一系列必要的知识和技能，这包括了信息架构领域的方法论、工具和工作流程。可用于指导信息架构设计的通用方法论有建筑学、图书馆学、认知心理学和 MECE 信息归类法则等，常用工具是思维导图和卡片分类，如图 2—11 所示。

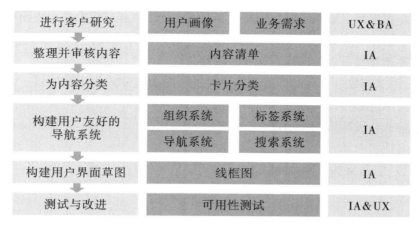

图 2-11　信息架构设计的流程

1. 进行客户研究。理解用户研究的内容，接收和理解研究阶段创建的用户画像、场景定义、业务需求等文档，并整理和分析来自用户和利益相关者的访谈结果。以理解用户目标、任务流程以及用户所期望的与产品的交互方式。当需求明确之后，进入下一阶段。

2. 整理并审核内容。了解用户的需求后，就可以开始准备内容清单了。首先，定义一个稳定的分类方式，以便整理内容清单。对于网站来说，可能需要按照频道、主题、子主题的结构将所需展示的内容清单分类列出，并标示内容的类型（文本、多媒体文件、文档资源及超链接）和摘要。然后，反复评估和优化内容清单，直到内容清单既无重复也无遗漏，并有着合适的准确度、颗粒度、实用性和呈现方式。

3. 为内容分类。此前内容清单的分类只是为了便于整理内容，并不是最终的结果。因此，可以使用卡片分类的方法，获取用户关于分类的认知和期望。为大多数用户所理解和期望的分类方式，将成为首选的组织方案。同时，通过卡片分类活动可以进一步优化标签系统及具体的标签内容。

4. 构建用户友好的导航系统。上一阶段的成果将成为设计组织方案的重要输入，组织方案的结构又会进一步决定了组织结构（线性结构、扁平结构或者严格的层次结构），这二者最终决定了导航系统的设计——全局导航、局部导航和情景式导航。借助思维导图工具，可以很高效地呈现和调整信息架构的全貌，直至达到令人满意的结果。当然，关于搜索系统的定义也需要同步考虑，并呈现在思维导图中。

5. 构建用户界面草图。当以上工作就绪后，需要将信息架构以更加直观的方式呈现出来，以便于最后的测试和改进。此时，可以借助用户界面草图工具快速绘制主要界面的线框图，重点呈现导航系统的模式、布局和交互方式。详细的原型设计可以参考后面章节的内容。

6. 测试与改进。此时，邀请用户对线框图做充分的可用性测试，以确保用户的需求能够得以满足（信息架构的有效性）。当一切工作结束后，可以作为重要输入开展后续的详细设计工作。

（四）信息架构：Sample

示例一：项目看板

这是一个项目看板的设计任务，用于使管理者通过一个视图快速了解项目概况。信息架构设计的目标是明确界面需要展示的内容（边界），并确定信息架构的组织方案、组织架构以及内容标签，为交互设计提供输入。

在开始信息架构设计之前，需要确定项目看板的目标用户（代表），并组织开展用户访谈、焦点小组等用户研究活动了解用户对项目管理的见解和关注的主要内容，以及这些内容在不同场景下的重要程度和内在联系（例如，项目存在进度风险时，关注剩余故事点数、交期及当前资源情况）。

通过用户研究活动，往往可以"自然地"发现用户倾向的组织方案、组织结构和标签，即符合用户直觉与习惯的信息架构。

在本例中，项目被分解为若干用户故事，以里程碑达成为目标，由项目团队按迭代计划推进完成，是信息架构的核心逻辑。由此，我们识别出核心业务概念，并可进一步将其属性分为基本信息和统计信息两类。

而后，借助思维导图工具进一步完成信息架构设计，如图2-12所示。

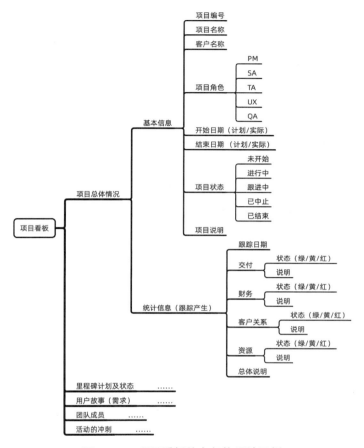

图 2-12　项目看板信息架构设计示例

如图 2-12 所示，将项目看板信息分为五个组成部分，并逐级细化。

项目总体情况：展示项目名称、项目编号、客户、项目角色、项目开始与计划结束日期、项目状态等信息；展示周期性评估的项目健康状况。

里程碑计划：展示项目各里程碑的时间点及完成情况。

用户故事：按用户故事的状态、类型及优先级分别显示统计数据。

团队情况：按团队成员的角色、职位级别对时点项目成员进行统计，并按周展示成员数量变化情况。

迭代情况：展示项目各轮迭代的概况，并重点展示当前迭代的详细执行情况，包括故事点数、缺陷数、工作量及人员绩效等。

基于此架构对信息逐级细化，直至完整涵盖所有内容。细化过程中尤其需要注意的是，确保类似的信息拥有相似的分解模式，并使用相同的内容标签。

这是为了后续进行交互设计时更容易发现并定义用户界面模式。细化完成后，信息架构设计师应与需求方、UX/UI 和技术负责人共同讨论和改进信息架构，确保信息无遗漏、逻辑正确并可获取，最终成果提供给 UX/UI 和技术团队开展后续的原型设计和数据准备等工作。

示例二：UI 组件库建设项目的信息架构设计

在自建 UI 组件库前，需要明确 UI 组件的开发需求。首先需要确定的就是 UI 组件的名称及分类，即 UI 组件库的信息架构设计，如图 2－13 所示。合理的信息架构设计不仅能让 UI 设计师和前端工程师通过导航系统直觉性地找到目标组件，更兼具良好的扩展性以应对 UI 组件库的持续扩充。

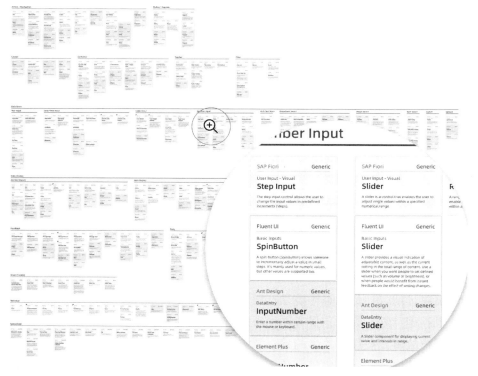

图 2－13 UI 组件库信息架构设计

凭空创造 UI 组件库并不是明智的选择。可以采用竞品分析的方法，从流行的组件库中获取经验。由于各个组件库的组件命名、功能特性和分类方式均不尽相同，因此，首先要将所有组件整理在一处，寻找不同组件库的组件之间的共性和差异，并将概念对齐，逐步形成自己的设计方案。可以用卡片分类法来完成这一过程。

如图 2-13 所示的案例所使用的工具是 Adobe XD（当然，您也可以使用任何其它熟悉的工具）。首先，我们制作卡片分类所需的 Adobe XD 组件。这个组件展示以下信息：

组件来源：该组件来自哪个设计系统。

所属类别：在源组件库中的所属类别。

组件用途：通用或专用，用以判断是否纳入。

组件名称：在源组件库中的名称。

用途描述：源组件库中关于组件用途的简短描述，用以在卡片分类时判断组件的用途。

而后，将所有目标竞品的 UI 组件制作为卡片，并逐一进行概念对齐，将"相同"的组件紧贴排成一列，得到合并后的组件集合。然后，以人机交互问题的领域作为信息架构的组织方案，将 UI 组件归为行为与导航、弹窗与浮层、布局、容器、工具条、过滤器、数据录入、数据展示、反馈、技术和专用这十个大类。再根据数据类型的不同，对数据录入和数据展示做进一步的细分，通过反复调整，形成最终的 UI 组件库信息架构方案。

二、模式分析

（一）模式分析：What

模式是某件事情发生或完成的重复或有规律的方式，即模式是从生产、生活经验中抽象、升华、提取出来的核心知识体系，是解决某一类特定问题的方法论，以及一系列经验证的、可反复使用的解决方案。

与信息架构相似，模式概念也起源于建筑业。它最早由建筑师克里斯托弗·亚历山大在 19 世纪 70 年代提出。亚历山大定义了一种实用的建筑系统，该系统旨在指明如何建造房间、建筑物或城镇的确切方向。根据作者的观点，环境与建筑向人们传递感受的方式并不局限于主观情绪，还可以是基于某些有形的特定模式产生的结果。即使是普通人也可以学会并使用模式来建造人性化的建筑。他将城镇识别为不同层级的构建块的集合，并与之对应，将建筑设计抽象为 253 种分属不同层级的设计模式的集合，以此为反复出现的经典建筑设计问题提供可重复利用的解决方案。至今，这些模式仍在发挥作用，源源不断地创造价值。

模式无处不在。某一类数学问题的经典解法是一种模式；读后感、游记等分类作文的写作套路也是模式；快餐店的炸鸡（无论鸡排、鸡块、鸡条、鸡米花）、汉堡的制作方法也是模式；两军对垒，战术打法还是模式。沟通技巧、养育方式、管理手段、谈判技巧……可以说，自人类诞生之日起，模式就在源源不断地产生，并作为一种经验被传承下来。直到某一天，人类尝试用一种模式来定义模式，模式才正式成为知识，并通过文字广泛地传播。因此，模式既是经典解决方案的抽象，也是可以传承的知识，更是全人类的共同财富。

模式是记录解决方案的正式方式，它通常由以下几个部分构成。

1. 一个简短且有意义的名称。

2. 模式的上下文及简要说明。

3. 模式的用法（何时使用以及何时不要使用）。

4. 模式的构成（组成部分及交互行为）。

5. 使用示例。

模式是递归的集合。程序调用自身的编程方法称为"递归"。递归作为一种算法在程序设计语言中广泛应用。一个过程或函数在其定义或说明中有直接或间接调用自身的一种方法，它通常把一个大型复杂的问题层层转化为一个与原问题相似的规模较小的问题来求解，递归策略只需少量的程序就可描述出解题过程所需的多次重复计算，大大地减少了程序的代码量。例如，建筑领域中，从城市到街区、建筑、住户、房间，就是一个递归的结构，通过使用递归的模式集合，可以极大地降低设计方案的复杂性。在一个递归的模式集合中，模式必须归为某一分类及某一层级。同一分类下的模式通常具备类似的组成结构和交互行为，用于解决同类问题。同一层级的模式通常会引用下一层级的模式作为其组成部分，并被上一层级的模式所引用。处于集合中的模式，都会提及与之相关的更高层次的模式，以决定其在上下文环境中的位置，并描述了与之相关的更低层次的模式，以使得解决方案可以进一步被重新定义。

（二）模式分析：**Why**

正如 *A Pattern Language* 一书所述："每个模式都描述了一个在环境中反复出现的问题，然后描述了该问题解决方案的核心，以一种您可以使用该解决方案一百万次的方式，而无需重做一次。"

在生物界，有利于生物在自然界中生存的行为模式会通过基因得以延续，因此，同一物种的行为模式大多相似。在人类社会，有利于人或组织在社会生存的行为模式会通过知识、经验得以延续，那些成体系的知识和经验构成了各种各样的方法学，对于这些系统化的方法学继承的和发扬又进一步规范和同化了人或组织的行为模式。例如，人们所熟知的"以用户为中心的设计"就是有关数字产品设计的方法学。由此可以推论，各行各业在进行数字化转型升级时，遇到的很多问题也将是类似的。在构建数字化产品和服务时，那些已经在某个领域反复验证过的解决方案，对于其他领域的类似问题仍然有用。同时，在同一个复杂的数字化产品或服务内，不同的业务往往也可从任务模式上归为为数不多的几类，即具有一定相似性的"类任务"，这些"类任务"通常也可以用相同的交互方式来完成。

因此，模式分析的目的就是用模式语言描述系统或服务的功能（例如，用例），并从中识别"类任务"。而后，为这些"类任务"选择经典的设计模式，或创造新的设计模式。将这些设计模式组件化，并在后续的用户界面的设计和开发中大规模复用，以此提高设计和开发的有效性、一致性和效率。而且，为相似的任务提供一致的交互方式也可以大幅降低系统用户的学习成本并更易形成使用习惯，进而使人机交互行为更加"自动化"，从而提高用户完成任务的效率并减少错误的发生。

（三）模式分析：How

模式分析始于任务，终于交互，目的是为类似的任务提供经典、有效、一致的人机交互方案。

在人机交互场景下，看待同一个任务存在用户视角和计算机视角两种视角。因此，模式分析也同样有着由用户任务（用例）分析驱动或由信息系统核心功能驱动两个途径。

这两种方式适用的场景和产生的结果会有较大不同。用户任务分析驱动可以发现诸如相关内容推荐、收藏、评论、购物车、优惠券、闪购、模糊检索、快捷入口等"具象"的任务类型，并为其设计更符合用户心理预期、更具吸引力的设计方案。而如果从信息系统核心功能的视角出发，则更容易识别出对象检索、简单对象维护、复杂对象维护、对象关系维护、批量信息修改等"抽象"的任务类型，并为其设计更易于开发的设计方案。

因此，在开展模式分析工作时，设计者必须应需而变、灵活运用这两种方式，在人（用户体验）、机（技术或开发者）以及项目要求（质量、成本和交期）之间找到一种微妙的平衡。

从类任务到用户界面模式的分层映射模型由 SAP 自 2001 年起开发并沿用至今。在 SAP 最新的设计体系 Fiori 中，它仍然是构建一切的基础。该模型的左侧是用户任务的分解结构，总体上分为三个层次：业务流、活动和交互行为。业务流由一系列活动组成，并通过交互行为来完成，如图 2−14 所示。

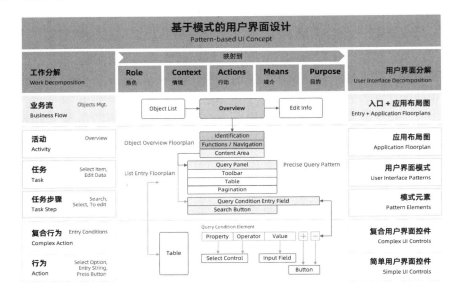

图 2−14　UI 设计分析图解

其中，业务流和活动的主要内容如下。

1. 业务流（Business Flow）：围绕一个业务领域，为实现业务目的而组织起来的一系列业务活动。

2. 活动（Activity）：为实现某个业务目标而执行的一系列任务。

（1）任务（Task）：业务活动的一项工作内容。

（2）任务步骤（Task Step）：任务执行过程中的一步。

（3）复合行为（Complex Action）：有步骤的一系列人机交互行为，例如，浏览→勾选→确认。

（4）行为（Action）：单一的人机交互行为，例如点击。

模型的右侧是用户界面的分解结构，同样分为三个较大的层次：服务于业务流的一组用户界面、服务于某个活动的单一用户界面和用以支持人机交互行为的用户界面控件。

（5）入口＋应用布局图（Entry＋Application Floorplans）：通常为通过导航菜单进入的一个功能，它由入口界面和借由其进入的若干用户界面组成。拥有类似业务目的的功能，通常由类似的活动组成。因此，其涉及的用户界面类型和组合方式也基本相同，可抽象定义为若干功能类型，例如"简单数据维护""复杂对象维护""数据统计与分析"等。

（6）应用布局图（Application Floorplan）：一个完整的用户界面，用以完成某个活动，通常由一系列特定职责的界面区域布局而成——就像电路板上若干功能单元的排布一样——这也是布局规划图这一名称的由来。在企业级应用中，典型的 Floorplan 有"对象列表""对象详情""对象概览""工作中心"等。

（7）用户界面模式（User Interface Patterns）：当构成用户界面的某个特定职责的区域所解决的交互问题具有代表性时，这个解决方案就可以抽象定义为一种用户界面模式，例如带有查询、工具条、分页、多选、排序等功能的数据表格。

（8）模式元素（Pattern Elements）：用户界面模式的组成部分，通常不会单独使用，例如查询面板。

（9）复合用户界面控件（Complex UI Controls）：支持复合人机交互行为展现、逻辑和数据的封装，例如 ComboBox。

（10）简单用户界面控件（Simple UI Controls）：支持单一人机交互行为的展现、逻辑和数据的封装，例如 Button。

有了这样一个任务分解结构，模式分析的最后一个环节就是选择（或创造）与任务分解结构相匹配的设计模式。

在竞品研究中发现一些经典且有用的设计模式，并基于它们做适当的扩展或变形，以产生满足自身设计要求的模式，并在产品用户界面设计中系统化地复用。基于模式的用户界面设计对于绝大多数的数字化产品设计而言都很有效（对于一些旨在创新或体现创意的产品而言，过多的借鉴模式可能会扼杀灵感），可以极大地提高用户界面的有效性和一致性，并提升用户界面设计和开发的效率。

（四）模式分析：**Sample**

示例一：对象列表页面 **Object List Page**

对象列表页面通常用作对象管理功能的入口页面，例如：用户管理、订单管理等。它由动态页头（标题、页面工具栏、查询面板）和对象列表（表格工具条、数据表格/列表、分页工具条）组成。用以查找业务对象，并发起新建对象、查看对象详情等活动，如图 2-15、图 2-16 所示。

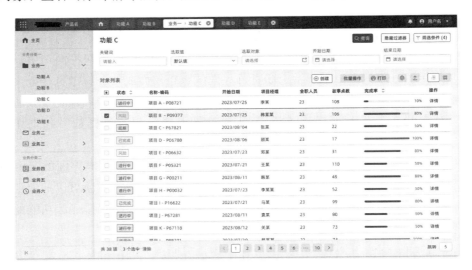

图 2-15　对象列表页面-表格视图

图 2-16　对象列表页面-卡片视图

示例二：对象身份区模式 Object Identity Area Pattern

对象身份区 Object Identity Area 用于对象详情 Floorplan，在详情界面的页头位置显示主信息集的重要信息。它由一系列不同类型的数据卡片组合而成，包括头像、指标、进度、数据集、纯文本等。

同一种类型的数据卡片布局在一组，并按重要度排序。对象身份区模式，如图2—17所示。

图2—17　模式分析

三、原型设计

（一）原型设计：**What**

产品原型应该在项目启动之初或者精修阶段就开始建立，原型设计是对产品的可视化呈现，主要传达产品的信息架构、内容、功能和交互方式，是将方案、想法、功能、内容形象地表达出来，用来进行团队沟通、测试和获取用户反馈的重要途径。就本质而言，原型是一种沟通工具，将产品需求转化为可视化的内容及元素，将抽象需求具象化。原型设计也是产品设计阶段最终的交付物，要交付给产品、前后端开发、设计者等相关人员进行下一步研发阶段的工作。

产品原型是整个产品制作开发前需要做的一个框架设计。如果没有产品原型，在和项目其他成员沟通时如同空口白话，很难让人理解。有了产品原型，设计者可以更方便地和团队成员进行沟通，描绘出产品细节，让工作效率更快。

通常来说，原型设计由产品经理或交互设计者来完成，但不同规模企业对原型设计的职责分工会有所区别。如果是大型企业和团队，原型可能由专职人员来设计。但对于较小规模的企业和团队，原型可能就是由某个岗位人员兼职设计。

原型的保真程度介于线框图和视觉稿之间，它和低保真的线框图有一定的区别和联系：线框图描绘的是页面功能结构，它不是设计稿，不代表最终布局，主要的作用只是表现产品中最重要的用户流程和功能所涉及的页面关系。而高保真原型展示的细节比低保真更深入细致，尽可能接近最终产品的样式。高保真原型具有与低保真相同的流程和信息架构，也会展示更多的细节和页面关系。

（二）原型设计：Why

原型设计的目的在于，在实际设计与开发之前展现和测试产品系统功能与可用性。设计者可以通过用户提供的反馈，来检查它与用户需求的匹配度。这样，设计团队可以在时间成本与资源投入开发之前，确保所构建的体系是正确的。通过规范的原型设计，能够给开发、视觉等相关人员传输最终表现形态，有益于提高沟通效率，降低产品开发成本。

原型设计的主要目的如下：

1. 在原型设计的基础上，进行高效沟通。

（1）让团队成员了解产品的潜在价值、风险、成本等问题。

（2）通过原型设计，快速构建想法并进行测试。

（3）通过创建原型，可进行用户测试，为产品设计提供有价值的反馈。

（4）帮助深入了解用户，发现用户的使用习惯，挖掘潜在用户需求。

2. 原型对于不同开发岗位都有重要意义。

（1）视觉设计者能将精力专注于视觉层面的配色及阴影等立体效果，因为界面的布局和信息展示在原型中已经完成，使他们工作衔接更加流畅。

（2）前后端工程师参照原型能快速进行技术框架选型，设计数据库结构与接口、完成接口参数的定义、制定数据传输规则等相关内容。

（3）测试工程师能更加明确产品的功能需求并据此编写测试用例。他们更关注产品功能的细节问题以及特殊场景下的使用需求，常常会在边界测试中发现原型设计的一些问题，这也能反向促使原型完善。

（三）原型设计：How

在开始做原型之前，设计者首先得考虑以下几个问题：

1. 该原型的使用目的（用于演示还是开发）。

2. 该原型的受众用户（用户还是开发者）。

（1）该原型有哪些功能需求（信息架构规划）。

（2）该原型里有哪些需求可归属为类任务（模式分析）。

（3）该原型的工期要求，需要哪种级别的保真度。

以上任何一个问题的答案不同，原型设计的方式和保真程度也会有差别。确认完这些问题后，设计者就可以进入原型设计阶段了。

通常来说，原型设计步骤可按照需求分析、信息架构、低保真原型、界面设计和评估设计进行，如 2—18 所示。

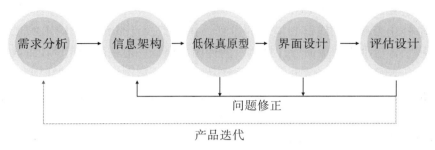

图 2—18 产品原型设计步骤

其中，信息架构、模式识别、原型草图、创建原型、评审原型的核心内容如下：

1. 信息架构。原型设计的信息架构包含产品内容、内容组织、产品功能、功能结构、层级划分等重要信息，方便使用者先从宏观上了解该原型的整体框架，也是设计者对自己的设计思路进行结构化预整理。

2. 模式识别。根据用户任务或者产品的核心需求，识别任务类型，匹配对应的设计模式，为快速构建原型提供输入。

3. 原型草图。画草图的目标是提炼想法，并且最好给画草图加一个时间限制。如果设计者绘画能力很差，也许能更好地用好草图，因为设计者就不会将注意力放在美化其绘制原型的美观性上。整个过程可能来回迭代进行多次，每个过程可能包含头脑风暴、沟通交谈、细化概念模型等活动。

4. 创建原型。在明确了想法之后，设计者就可以开始进行原型设计了。这个阶段需要考虑很多细节，找出切实可行的方案，运用合适的原型工具来绘制。在线框图中，采用分页或者分屏的方式（夹带相关部分的注解）描述系统的细节。界面流程图主要用于描述系统的操作流程。

5. 评审原型。完成原型后，先别急着进行研发，应将原型发送给项目的干系人进行可用性测试和评审，大家通过体验原型，发现原型中的问题并提出反馈意见。可以请5~6位测试者，通过音视频捕捉等方式，看看产品原型是否被顺畅地使用了。根据收集的问题，再次调整优化原型设计，指导后续的视觉设计、程序开发、功能测试等项目实施工作。

原型设计应根据演示的场景、阶段和效果选取不同的工具，在同一流程中也可多种工具组合使用，皆在选取最合适的方式呈现产品信息。常用的线框原型工具国外的有 Axure、Sketch、Adobe Xd，国内的有墨刀、摹客。此外，常见的原型动效工具有 Principle，思维导图工具有 Xmind 等。设计者需掌握不同工具的特点，并根据使用目的、项目需求等因素灵活切换运用。

原型文档（Design Requirement Document，DRD）是设计者把抽象的产品需求转化为具象的线框图呈现的过程，在原型设计日常工作输出的最终产物，用来告诉别人"页面设计细节"的说明文档。一般是由交互设计者或用户体验设计者写原型文档，也可能会是产品经理写原型文档。常见的原型文档主要包括文档封面、更新日志、设计过程（需求分析、信息架构、业务流程需求列表）、全局说明、非功能需求说明、交互规范说明和废纸篓七个方面。当然，原型设计文档模版不是一成不变的，设计者要根据自己产品的需求、内部设计和团队实际情况来灵活运用，不要被模版限制了想象力。

无论用什么形式或工具撰写原型文档，只要能提高效率、降低沟通成本、满足用户需求就能体现文档的价值。另外，在交互文档中并不是交互稿画得多美观就表明专业，更重要的是基于设计者输出内容的底层逻辑思考和是否能做到信息有效表达。

（四）原型设计：**Sample**

和目国际版是基于和目家庭版衍生的 APP，原型文档修改日志如图 2-19 所示。

日期	版本	页面	更新内容
2019/02/14	v1.0.0	登录注册	账号登录注册密码相关
2019/02/22	v1.0.0	首页	首页模块、切换分组
2019/02/25	v1.0.0	添加设备	设备列表页（一期不做）、C21绑定流程H5
2019/03/08	v1.0.0	四分屏	四分屏页面交互
2019/03/27	v1.0.0	实况/回放	第二版完成设计评审（新增无云存储展示、剪辑交互、引导模式）
2019/04/19	v1.0.0	参数	摄像机参数/告警设置相关
2019/04/23	v1.0.0	我的	我的相关设置
2019/04/27	v1.0.0	消息	消息中心页
2019/05/20	v1.0.0	事件/竖屏	直播页面事件模式/竖屏模式
2019/06/11	v1.0.0	新手引导	直播页/横屏/竖屏模式首次进入
2019/06/17	v1.0.0	直播横屏	横屏新方案：告警在右边显示的布局

图 2-19　和目国际版原型文档修改日志

和目国际版低保真手绘原型草图仅用了 0.5 天工时，但前期已和产品经理经过多轮讨论，草图完成后又去和项目经理沟通，确定基本产品功能框架设计无误，如图 2-20 所示。

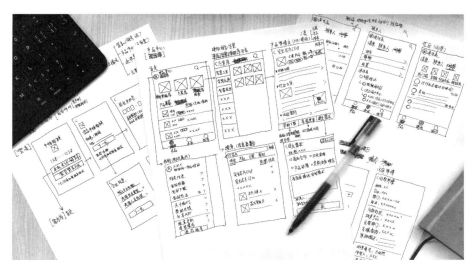

图 2-20 和目国际版低保真手绘原型

每个功能页面的原型按照功能点设计出来，在页面下方备注交互说明。然后，用连接线链接页面，表示页面间的跳转逻辑关系，如图 2-21 所示。

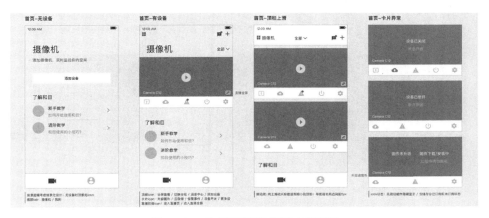

图 2-21 和目国际版首页功能原型

整理出所有页面的通用交互（比如弹窗、提示、动效规则等）并用独立页面呈现，方便开发能以交互说明为指导，构建统一的组件单元代码，如图 2-22、图 2-23、图 2-24、图 2-25 所示。

图 2-22　和目国际版直播页流程原型图（1）

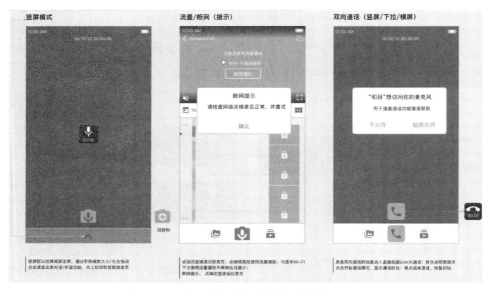

图 2-23　和目国际版直播页流程原型图（2）

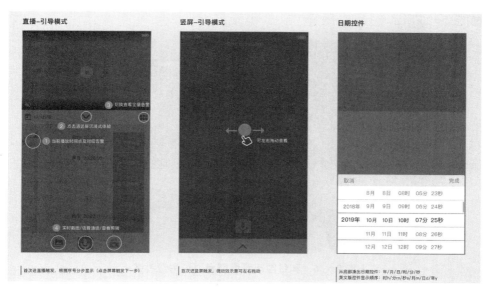

图 2—24 和目国际版直播页流程原型图（3）

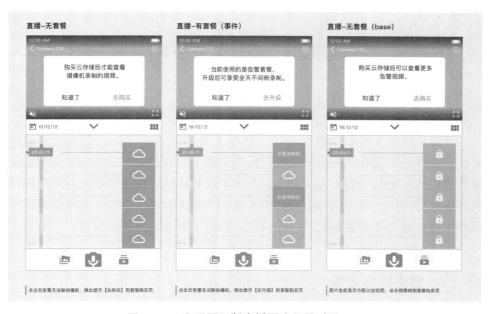

图 2—25 和目国际版直播页流程原型图（4）

完成原型后，将原型发送给项目的干系人进行可用性测试和评审走查。通过可用性测试，发现原型中存在的问题并提出反馈意见。根据收集到的问题进行分析，对原型进行调整优化，达成内部一致认可后，再进入设计开发环节，如图 2—26 所示。

图 2—26　和目国际版原型桌面可用性测试

第五节　评估体验效果

产品设计是个动态过程，是在迭代中不断达成体验目标，完成其商业使命。体验评估是随着产品迭代而进行的周期性工作，并为产品不同生命周期提供有价值的定量与定性输入。通常组织在不同的体验管理发展阶段会采用不同的体验评估方式。本节内容主要介绍常规的产品体验评估方法，其体验评估指标则来源于前期体验策略阶段以及研究阶段的主观和客观体验目标。

一、制定评估方案

（一）制定评估方案：What

体验评估是指依据某种目标、标准、技术或手段，对产品、流程或服务等按照一定的程序进行分析、研究，判断其体验效果的一种活动。通常最终会形成书面的评估报告，以便于各方决定是否采纳方案以及后续迭代方向。

体验评估包含方方面面的要素，如评估目标、评估对象、参与人员、评估方法、评估过程、执行排期、评估产出等。

1. 评估目标。评估目标指引着整个评估工作的方向，大致可分为形成式评估和总结式评估两大类。形成式评估用于探寻产品方向，常用于每一次迭代的过程中，例如解答"用户是否理解分类"等问题。总结式评估主要用于在某一次迭代后对产品表现进行比较。实际在敏捷项目管理下的产品迭代是持续不断的，因此可以在同一次评估中既比较本次迭代的表现（总结式），又发现下一次迭代的优化方向（形成式）。

2. 评估对象。不同行业的业务和产品具有不同的形态，因此体验评估的对象也是多样的。互联网行业以线上产品为主，如网页、手机 APP 等，传统行业则以线下服务为主，如业务办理等。随着数字化转型浪潮，传统线下行业也开始利用线上产品赋能业务。因此，以上所述的产品、服务、流程等都可以进行体验评估。

3. 参与人员。参与人员包括评估主体和测试用户。评估主体可以由企业内部员工担任，也可以采购外部企业的资源。测试用户一般需要招募真实用户，但并不是所有评估都需要用户的参与。企业内部除了专业的研究人员外，各相关岗位也可以承担体验评估工作，如产品岗、设计岗、业务岗等。如需要使用外部评估专家，则须明确专家的背景与资质，还要进行业务知识和操作规范的培训，才能保证评估过程的标准性和统一性。

4. 评估方法。围绕评估目标，研究人员需要结合评估对象选择合适的评估方法。选择特定的评估方法，就需确定是否需要测试用户的参与。如果评估工作包含用户测试，则需要对用户的招募条件进行精细设定，因为只有找到对的人，才能测出对的问题和结果。

5. 评估过程。评估过程即评估的执行过程，可具象成执行流程、工具材料、人员分工、访谈脚本等。评估过程描述得越详细越能统一不同评估主体的工作标准。评估过程的描述类似于操作手册，目的是让任何一个有基础专业能力的人员都能标准化地完成评估工作。

6. 执行排期。执行排期即具体执行评估的时间安排，具体到某天的某个场次的时间与地点，以便相关同事进行现场或远程的观察和参与。

7. 评估产出。研究人员在评估执行前，应该围绕评估目标预设好需要解答的核心问题以及相应的表现形式。待评估工作完成后，给出相应的评估结果。评估结果可以包含量化的数据，如多少用户认为方案 A 比方案 B 好。也可以包含质性的数据，如用户认为方案 A 的页面不能轻易找到关注的内容。同时，结合科学仪器（如眼动仪）进行生理数据的采集与分析，能够进一步增强产出结果的说服力。

为了保证每个要素的科学合理，研究人员在开展体验评估前需要制定详细的评估方案。相应的，评估方案需要包括本次评估的目标、被评估的对象、需要参与的人员、采用的评估方法、具体的评估过程、评估场次时间以及预计的产出。除了对这些要素进行描述外，还需要有合理的原因说明为什么做出这样的选择。这些原因不一定要写在方案里，但一定是经过深思熟虑的，这样才能以最少的资源创造尽可能大的价值。

（二）制定评估方案：**Why**

体验评估是一项随着产品迭代而进行的周期性工作。制订评估计划时可以根据上一次的评估方案进行针对性的调整。同时，不断更新优化的评估方案也是团队的宝贵知识财产。对于团队新成员来说，评估方案可以作为快速熟悉和上手的学习材料。

评估方案除了给研究人员作为执行依据外，还是各利益相关方进行信息沟通的工具。为了保证评估结果得到认可和落地，必须在评估执行之前与各方就目标和产出达成一致。评估方案应体现出业务方、产品方、设计方、体验管理方等各方沟通后的重点关注项。

另外，体验评估的操作细节多，具有一定的复杂性。撰写评估方案可以帮助梳理评估思路、预演执行流程，以保证评估工作的质量达标。此外，完成一场有用户参与的评估涉及许多工具，在评估方案里逐一罗列可以作为执行前的检查清单。

（三）制定评估方案：**How**

评估对象和评估方法是评估方案里占比大且十分重要的内容。对象和方法的选择是否合适直接影响着评估工作的价值。

1. 评估对象。

人力、时间、设备资源都是不容小觑的工作成本，因此如何从众多产品、业务中选出"MVP"就显得十分重要。分层筛选就是一种很好的缩小评估范围的方式。首先，第一层针对企业业务战略，明确重点发展板块以及各板块内的重点业务线。这一层的筛选依据通常来源于企业组织架构和内外宣传信息。接着，针对几十甚至几百条重点业务线，进行场景筛选。这一步需要结合数据、业务、用户等多维度的考量，筛选出访问量高、影响面大的核心场景。最后，拟订一个适当的执行排期规划，保证一个周期内的评估工作能够覆盖到上述筛选出的核心场景。具体周期长短应根据业务产品的迭代速度和各相关方的需求而定，比如一年或者半年。一个周期内包含若干次评估，每次评估覆盖若干场景，时间节奏视具体情况而定，以符合业务需求为终极目标。

　　每一次的评估方案都需要说明本次评估的具体"业务—场景—载体"以及做必要的展示。例如，银行的线上体验的评估对象可能是针对"基金业务—首次购买—APP 页面若干"。线下体验的评估对象也许是"账户业务—借记卡开户—服务营销流程"。在做评估方案的时候要明确清楚评估对象具体包含哪些页面，流程分为哪些步骤，与用户的主要触点有哪些。

　　2. 评估方法。

　　体验评估的方法有很多，也有不同的分类方式。根据是直接还是间接收集数据，可分为定性法和定量法；根据是否需要真实用户参与，可分为实证法和分析法。产品的不同阶段都可以采用定性法或定量法、实证法或分析法来进行形式式评估和总结式评估。其中，实证法可以是定性的也可以是定量的，分析法往往是定性的。具体如下：

　　（1）根据是直接还是间接收集数据，可分为定性法和定量法。

　　很多人认为定量就是问卷，定性就是访谈。其实不然，定性法与定量法最本质的区别在于研究方式（是直接还是间接地收集数据）。定性法是一种直接收集用户数据（如当面询问、直接观察行为）的研究方式；而定量法是一种间接方式，如通过测量工具（问卷）来收集用户的想法和行为。

　　由于定性法和定量法具有本质的区别，定性法更适合于回答"为什么""怎么做"这一类问题，比如人们在购买定期理财产品时会关注哪些因素。而定量法则更适合用来研究"多少""多少程度"等问题，比如哪个产品的支付流程更快。

　　（2）根据是否需要真实用户参与，可分为实证法和分析法。

　　①实证法。

　　实证法是通过观察用户与产品的交互过程，从用户所想所做中挖掘出真实的感受和需求。根据定义，实证法依赖于在真实的任务表现中观察到的数据（如用户在哪里遇到疑惑）和直接来自用户参与的数据（如操作时长）。可用性测试是常见的一种实证法，即让用户完成预设任务或自由探索，如在积分商城内找到一款感兴趣的产品并完成购买。在用户执行任务的过程中，研究员在一旁观察用户的操作和表情，记录关键事件再进行访谈。最终，通过量化和质性的数据来评估产品的若干个可用性表现水平（如有效性、效率、实用性、易学性、容错性）。

同时，可以让用户采用"出声思考"的方式边执行任务边自言自语心中所想。用户刚开始会不适应这种边做边说的方式，研究员需要及时提醒"沉默"的用户表达心里的想法，如"我在找下一步的按钮""这个地方为什么不能点？噢，这只是文字"等。

研究员可以选择是在任务过程中与用户交流观点，或是等任务完成后再统一询问均可。在任务过程中交流能够及时抓住关键事件，即那些让用户感到疑惑的、操作费力的地方。事后访谈能够减少对操作过程的干扰。如果研究员需要使用任务的完成时间作为操作效率的评价指标，那就不能在过程中与用户互动，而是尽量扮演一个透明的观察角色。

②分析法。

分析法也叫检查法，是利用专家的领域知识与经验来检查产品体验的一种方式。分析法不需要真实用户的参与，相应节省了很多时间与费用成本。常见的分析法有认知走查法和启发式评估法。认知走查通过 4 个问题来检查场景中的每一步。

A. 用户知道这一步要做什么吗？

B. 用户知道怎么做吗？

C. 用户做了动作后，系统有没有反馈？

D. 用户能理解反馈吗？

启发式评估法通过一套标准的指导原则来检查产品。体验专家根据这些原则仔细检查产品的各方面是否遵循原则。可以使用知名的尼尔森十原则法作为指导原则，也可以根据企业产品的实际情况自行编撰一套体验原则作为标准。启发式评估法的优点是成本低，尤其在产品的早期使用中特别有效。

（四）制定评估方案：Sample

制定一个评估方案，其评估目标是评价购买活期理财流程的体验水平，评估对象是活期理财-线上购买流程，如图 2-27 所示。

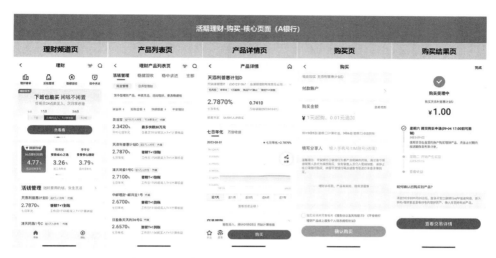

图 2－27 手机银行 APP 的体验评估之购买活期理财

手机银行参与人员中本竞品用户 12 名，如表 2－4 所示。

表 2－4 手机银行用户分析

用户/任务	A 银行－任务		B 银行－任务		人数
	活期－购买	活期－赎回	活期－购买	活期－赎回	
A 银行客户	3	6	3	/	6
B 银行客户	3	/	3	6	6

评估方法：实证法－可用性测试。

评估过程：详见下一节。

执行排期：一期由 12 名用户参与的可用性测试通常需要 4 周时间：2 周招募用户，1 周测试执行，1 周结果输出（如表 2－5 所示）。

表 2-5　制定评估方案

Week1	6月/13	14	15	16	17	18	19
	测试物料准备、用户招募						
Week2	20	21	22	23	24	25	26
	脚本撰写确认、用户招募						
Week3	6月/27	28	29	30	7月/1	2	3
	测试执行（每人1.5小时，一天3人）						
Week4	4	5	6	7	8	9	10
	测试执行、数据整理分析						

二、执行体验评估

（一）执行体验评估：What

评估执行就是根据评估方案里的目标，招募相应的参与人员，采用适合的方法，在合适的场地，依据评估过程对评估对象进行评估的具体工作。

多数情况下，产品的体验评估需要通过用户的参与来暴露出"三真"环境下（真实用户在真实场景下的真实操作）的问题和需求。邀约符合条件的真实用户存在一定难度，通常12名用户需要预留2周时间进行招募。招募可以通过内部渠道外呼用户或由外部市场调研公司负责。

用户的招募条件可以根据随机抽样原则来设置。研究人员常用分层随机抽样的方式找到"对的人"发现"对的问题"。分层随机抽样，又称类型随机抽样，是首先将总体按一定标准分成各种类型（或层）；其次，根据各类型单位数与总体单位数的比例，确定从各类型中抽取样本单位的数量；最后，按照随机原则从各类型中抽取样本。抽样的核心要点是要保证样本类型的全面性和代表性。

1. 全面性：样本覆盖依据场景而划分的用户类型。

2. 代表性：各类型用户的样本数量比例与总体里的比例一致。

例如，在理财购买场景的评估中，研究人员需要将用户的资产规模、理财经验、理财平台的使用经验这3个因素的不同水平纳入考虑。同时还要保证最基本的人口学特征条件（年龄、性别等）。为了兼顾实际工作的可行性，年龄、性别等条件的配比以样本整体做考量，即不严格要求在每种类型用户里达到均衡，只要整体样本均衡即可。但是，如果人口学特征对评估对象的影响很大，则需要把相应条件作为选取样本的标准。

评估的场地也是评估执行过程中重要的细节之一，一个舒适的环境有助于用户把注意力集中在评估任务上。如果企业内有专门的用户体验室是最好的，一方面可以打消用户对于本次活动真实性的顾虑，另一方面可以邀请同事在单面镜后的观察室内进行无干扰的观察。如果企业内没有合适的场地，也可以租用外部专业场地开展工作。

（二）执行体验评估：Why

无论体验评估的目的是探索产品的优化方向还是验证产品体验是否达标，把评估工作透明化地展示出来，对各部门的沟通和评估结果的落地都有好处。

在企业内的体验评估执行不仅仅是一项专业技术工作，更是一项体验管理工作。研究人员必须考虑如何让不同部门的同事有参与感，认可体验评估的价值的同时，还要保证能够把评估产出应用到产品迭代中。所以，在评估执行的"前、中、后"都需要考虑如何开展有效的协作。

1. 执行前：充分沟通、纳入建议。

在评估执行前，研究人员必须与相关部门的同事对本次评估内容进行充分沟通，尤其是评估目标、评估对象、参与用户、评估排期这几个事项需要保持一致的理解。同时，体验研究员要以开放的心态去征集大家的意见与建议，尽量把业务、产品、运营、设计等部门同事的想法纳入评估方案中。

2. 执行中：共同参与、同步产出。

研究人员须提前公布评估执行的时间与地点，以便感兴趣的同事安排时间参与。事先协调各方同事的参与方式和参与程度，比如是场外观察，还是共同访谈；是自由观察，还是参与记录。随着评估执行的开展，不同角色都能从与用户的实际接触中得到启发，因此不必等到评估结果报告，就可以同步开始规划优化工作。

3. 执行后：对齐结果、共识落地。

待所有场次的评估执行完成后，由研究人员统一汇总数据、整理分析、最终产出评估结果报告。评估工作最终需要落地到产品迭代中才能产生价值，因此评估结果需要跟相关同事进行确认，以保证产出契合实际工作情况的评估结果。同时，与各方沟通才能了解后续体验优化工作的可行性，最终达成落地追踪的目标共识。

（三）执行体验评估：How

正式评估之前，研究人员会做一次"试点研究"，用来检查评估过程的可行性。试点研究主要围绕以下几个方面展开。

1. 访谈脚本的问题是否易于理解。

2. 访谈脚本是否完全覆盖核心主题。

3. 物料的使用是否方便，如真实产品、DEMO。

4. 记录表格是否易于使用。

5. 评估的各环节时间分配是否合理。

6. 设备工具的使用是否顺畅，如眼动仪。

试点研究不需要招募真实用户，可以找一位对本次评估产品不熟悉的同事扮演用户。试点研究后，研究人员会对评估过程进行调整，以保证正式评估时更顺畅。

以有真实用户参与的可用性测试为例，正式评估的执行过程一般分为如下步骤：破冰环节、背景访谈、任务操作、任务后访谈、完成评分量表、确认用户无疑问后送客。

1. 破冰环节。

向用户介绍自己的身份，并简要说明本次活动内容，包括整体时长、大致流程、注意事项等。待用户没有疑问后，请用户签署"知情协议书"，再正式开始。首先，向用户简单了解一下工作、生活状态等，尽量建立轻松的聊天氛围。此环节最重要的是保证用户的知情权和营造畅所欲言的氛围。

典型的开场参考如下："××先生/女士您好，我是××公司的研究员××（如担心用户知道研究员的公司而无法真实表达想法，可以称自己是调研公司的研究员）。很高兴您来参与我们的活动，本次活动共××分钟，由两部分组成，访谈以及完成几个任务。任务不是对您的测试，是想了解用户在使用××产品时的真实感受。您的回答没有任何对错。全程会录音、录像，并加密保存，仅供本次项目使用，请您放心。中途您想喝水、休息，都可以随时提出来。如果您没有什么疑问的话，在正式开始之前请阅读这份'知情协议书'并签字。"

2．背景访谈。

破冰结束后，需要了解用户关于产品使用的背景情况，同时这也是为了让被访者快速进入今天的主题。例如，针对活期理财购买场景，研究人员会先了解其理财经验，相应问题会涉及理财产品的配置情况、理财平台的选择原因等。

3．任务操作。

任务，即在评估方案里设计好的需要用户配合进行的一系列操作。任务可以是完成一个流程，也可以是看几个页面。任务的复杂程度依据评估对象的具体情况而定。在开始任务前，还需要针对该任务进行简单访谈，目的是让用户代入场景，尽量还原真实场景下的操作。

例如，在用户执行活期理财购买的任务前，可以先让其自主表达什么情况下会购买活期理财，在购买活期理财产品时重点关注哪些因素（做出承诺）。随后，出示事先准备好的"任务卡"，结合用户的实际需求下达任务："现在您×××（用户刚刚回答的情况），所以您打算在××银行 APP 上挑选一款活期理财产品，并进行购买，到输入银行密码为止（可以不真实购买）。"同时，提示用户根据刚才自己说的关注因素认真完成任务（履行承诺）。

任务的设计需要满足以下几个条件。

（1）包含具体且符合用户实际情况的场景。

（2）有一个明确的结束条件。

（3）使用实际用户的日常语言，避免专业术语。

（4）以书面形式递交并确认用户清楚任务内容，因为通过这种方式可以为所有用户建立统一的起始点。

当用户执行任务时，研究员在一旁观察用户与产品的交互，并记录关键事件，即用户出错、多次尝试、反复查看、感到困惑、感到惊喜的地方。如果中途用户多次尝试后仍未能继续流程，可适当进行提示，以保证其走完整个流程。但是，切忌看到用户操作错误时，过早进行提示与干预。

4．任务后访谈。

待用户认为任务已经完成，研究人员就可以和用户一起来回顾整个任务过程，以还原用户的心智模型。下述问题可供选择和扩展。

（1）页面的内容是否符合用户的预期。

（2）页面的结构布局是否可以让用户快速找到想找的东西。

（3）页面的功能操作是否符合用户的习惯。

此外，还要根据观察记录的关键事件进行针对性提问，挖掘出用户感到困惑、费力、惊喜的原因。有时候用户并不能一下子提供详细的回答，可能会说出"差不多，还行，挺好的"诸如此类的笼统答案。此时，研究人员可以使用一些技巧来帮助用户思考与表达。一种方式是追问细节使用户的回答具象化，让用户对于笼统的观点给出具体的解释，如"您觉得哪里差不多？那还差点的地方在哪？"另一种方式是用客观事实和用户再次确认。客观事实来源于背景访谈和任务前访谈，以及任务中的观察，如："您刚才操作××的时候反复点了三次才成功，你还是觉得挺好的吗？"一旦用户被告知其具体是如何操作的或者刚刚表达过什么样的观点，通常都会思考后再补充回答。

5. 完成评分量表。

根据实际项目需求，可以选择与评估对象相匹配的权威量表进行量化数据的收集。如果一次评估中有多个任务，则要在每个任务后完成该任务的量表评分，再开始下一个任务，以免回忆偏差对评分产生影响。

一次评估工作可能会涉及若干个任务和若干个产品，此时需要考虑到用户的学习效应和疲劳效应。研究人员可以使用平衡设计方法，在样本里达到各任务或各平台的任务顺序总和一致，避免因评估执行的不科学而影响结果的准确性。例如，需要用户同时在本品和竞品完成同一个任务，那么就要保证一半用户先做本品再做竞品，另一半用户则反之。

6. 确认用户无疑问后送客。

待所有访谈和任务结束后，研究人员需要给予用户提问的时间，并解答用户对于本次活动的疑问。通过用户提问，可以侧面确认用户并没有因为参与活动而产生负面情绪，以免影响企业的品牌形象。最后，研究人员礼貌热情地送别用户，给用户留下一个良好的终点体验。

（四）评估执行：**Sample**

示例：可用性测试的评估执行过程。如图 2-28 所示，该示例展示的是用户佩戴眼动仪的可用性测试方案。

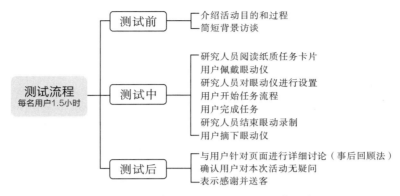

图 2-28　用户佩戴眼动仪进行可用性测试

　　眼动仪专门用来记录眼球运动，主要包括注视、眼跳和追随运动。眼动数据可以反映视觉信息的选择模式，揭示认知的心理机制，但是对于眼动数据的解释必须非常谨慎。例如，眼动数据显示用户对于理财产品的交易规则存在长时间的注视，此时不能确定是因为感兴趣，还是因为理解费力，还是有其他原因。所以，眼动数据也需要结合观察、访谈等其他视角来共同做出解释。利用眼动技术进行体验研究的常用数据包括热力图、轨迹图、兴趣区、首次注视时间、首次注视持续时间、平均注视持续时间等。

三、输出评估报告

（一）输出评估报告：What

　　评估报告是一种重新组合评估工作的各项内容并呈现评估结果的书面方式，是对评估工作的一个总结，更是后续产品迭代工作的输入，起着承上启下的作用。因此，评估报告不仅要包含对于现状的结论，也要提出后续优化的建议。

　　一个业务或产品涉及相关方众多，如业务、运营、产品、设计、技术等，为了让各部门同事对于产品体验的现状达成共识，体验评估报告提供了一种传递信息的途径。所以从本质上来说，评估报告在企业内部是一种跨部门合作的沟通工具。

　　在评估过程中，每个用户都会产生很多的零散数据，包括质性数据和量化数据。研究人员对所有数据进行整理分析后，通过归纳或演绎的方法将有价值的内容总结成评估结果，撰写在报告中。

（二）输出评估报告：Why

体验评估的结果需要传递到各部门去落地，无法落地的评估对于组织而言是没有价值的。所以，评估报告作为跨部门的沟通工具具有十分重要的意义。

跨部门沟通时，评估报告可以作为各方对体验优化方向达成共识的依据和证明，保证后续产品迭代工作朝着正确的方向进行。如果组织内部有体验管理系统，可以把评估报告的内容作为数据源输入到系统内，进行体验问题的跟踪管理。

撰写评估报告本身也是对研究人员专业能力的锻炼与提升，帮助体验研究员更深入地理解企业业务和洞察用户需求。此外，每一次的评估报告都为未来相关研究项目提供了参考。

（三）输出评估报告：How

一份完整的体验评估报告通常包含几大部分：项目背景、评估结论、具体体验问题和样本基本情况。

1. 项目背景。

项目背景用以介绍本次评估工作的背景和意义。评估报告的阅读对象有时候并不是项目的直接参与者，这些观众可能不清楚相关情况，因此需要简明扼要地描述这次评估工作的意义和目的。

2. 评估结论。

评估结论是整个报告里最关键的部分，结论的深度与惊喜度决定了报告的价值和受重视程度。根据评估目标的不同，结论的论据形式也是多样的。如果目标是对比多家产品的体验，可以采用量化指标来进行横向比较；如果目标是验证产品迭代的效果，需要展示出迭代前后的差异来证明体验的提升；如果目标是发现体验问题并明确改进方向，需要高度概括现状及问题。

通常，在向高层领导汇报评估工作时，结论部分几乎就是汇报的全部内容，所以值得花费一些精力让结论更加出彩。首先，要注重论点之间的逻辑性，最好能够让若干论点串成一条合乎情理的逻辑线，以便在汇报时能够娓娓道来。其次，每个论点需要强有力的论据来证明研究人员给出的判断是合乎业务和用户需求的。最后，结论部分最好能构成一个完整的闭环，比如从描述现状表象，到探寻问题本质，再到提供解决思路，最后建议优化措施。

3. 具体体验问题。

撰写完高度概括的评估结论后，就可以展开描述具体的细节问题。这部分主要是给一线人员的实际工作提供建议和帮助，因此要尽可能地把问题是什么、出现在什么地方、为什么这是个问题说明清楚。研究人员经常给问题配上页面截图或现场照片，并附上用户原声，让未能参与现场观察的同事也能感受到用户心声。

体验问题往往会有很多，研究人员可以根据流程路径顺序，或者某种合适的顺序进行展示。有时候研究人员也会给体验问题分类，贴上分类标签，如操作型、信息型、情感型等。最后，汇总一张列表把所有问题统一列出，并标记优先级。优先级的定义需要遵循组织内部标准，在符合行业规范的同时，更重要的是组织内各部门能够达成一致。

4. 样本基本情况。

报告最后，描述性统计本次评估的样本信息，包括但不限于年龄、性别、城市、招募条件。在评估开始执行之前，与各相关利益方就评估方案沟通得越充分，此部分内容的说明就可以越精简，甚至可作为报告的附录呈现。

（四）输出评估报告：**Sample**

示例一：手机银行 **APP** 购买活期理财的可用性测试报告。

1. 评估的背景及意义。

在真实用户的使用场景中，围绕体验指标来发现实际操作流程中的体验问题。同时，研究人员通过观察和访谈来了解用户的感受，挖掘体验问题的背后原因及用户需求。最后，基于统一的指标标准，与竞品进行体验对标，以更好地进行产品迭代。

2. 评估指标定义。

一次完成率、操作时长、SUS 分数为本次可用性测试评估指标，如图 2－29、图 2－30、图 2－31 所示。

一次完成率

1. 客户操作体验的客观评价指标

一次完成率也称为成功率，是最基础的可用性测量指标；真实场景下，客户极不愿意反复尝试操作，才能完成自己想要做的事情。

完成情况分为"一次完成""多次尝试完成"和"未完成或提示后完成"。

$$一次完成率 = \frac{一次完成的人数}{参与测试的总人数}$$

难用	可用	好用
<60%	60%～80%	80%>
☹	😐	☺

图 2-29　客户体验测试指标：一次完成率

操作时长

2. 客户操作体验的客观评价指标

操作耗时指从流程开始页面到结果页的总时长，并分项或分页面统计耗时；真实场景下，流程体验越好，客户完成其想要做的事情耗时越短。

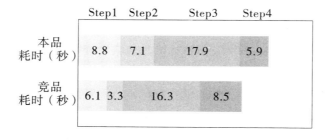

	Step1	Step2	Step3	Step4
本品 耗时（秒）	8.8	7.1	17.9	5.9
竞品 耗时（秒）	6.1	3.3	16.3	8.5

图 2-30　客户体验测试指标：操作时长

3. 可横向比较和可追踪

通过系统可用性量表，对功能流程进行打分；支持网页、APP及其他设备功能流程可用性测评，且具备软件新旧版本对比。

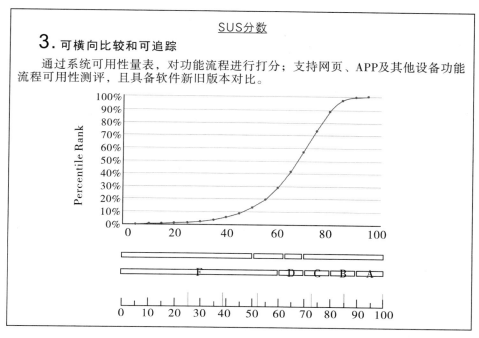

图 2-31　客户体验测试指标：SUS 分数

3. 评估结论。

活期理财购买的一次完成率为 67%，处于"可用"阶段；操作时长 109 秒，在"挑选产品"的环节比竞品耗时更久，主要由页面信息量过大造成；SUS 评分 64.8，处于"一般"水平。分析结果如表 2-6 所示。

表 2-6　使用场景分析结果

场景		指标	A 银行
活期	购买	一次完成率	67%
		操作时长（秒）	109
		SUS 可用性评分	64.8

4. 具体体验问题。

（1）体验问题展现形式。

按照用户实际操作流程，把各页面中的体验问题逐一用精简的文字描述；并配以页面截图和标注进行直观展现；同时可结合眼动数据、大数据等进行诠释；购买活期理财的流程是：Step1 查找产品，Step2 比较选择，Step3 购买（如图 2-32 所示）。

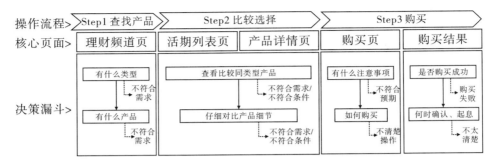

图 2-32　产品操作流程

（2）体验问题归纳方式。

围绕线上化产品的体验指标，可以从以下几大类去整理体验问题。

①界面操作（易理解、易操作、信息匹配）。

②流程链路（任务路径、任务效率、灵活高效）。

③美观统一（交互 UI、运营 VI、文案）。

④体验感受（内容满意、接受度、共鸣性）。

如图 2-33 所示的是一个"界面操作－易操作"相关的体验问题：产品列表入口不明显，导致用户未能发现该入口，影响决策。

产品列表入口不明显，2/3名客户未能发现入口

3/8名客户在活期+下选择产品
➢ 2/3名客户未发现进入活期+列表的入口，并认为产品可选较少

图 2-33　体验问题

第三章　系统管理层体验管理能力

本章节是体验管理知识体系的系统管理层所需要掌握的知识点。围绕"中层管理者如何以用户为中心进行管理"来开展体验管理机制建立、体验指标体系构建、体验管理数据应用等知识点的研修学习，使得管理者有目的、有计划、有步骤地提升满意度。

企业的中层干部学习系统管理层体验管理知识点，将会提升企业主管经理在用户体验方面的管理能力。每个部门普遍同时开展多个项目，项目之间互有交集，如何帮助部门主管站在用户体验的视角多快好省提升产品体验是本章节要回答的现实问题。

第一节　系统管理层体验管理模型

系统管理层体验管理能力可以分为建立体验管理机制、构建体验指标体系和应用体验管理数据三个大模块。这三个模块是相互联动的闭环关系，如图3-1所示。

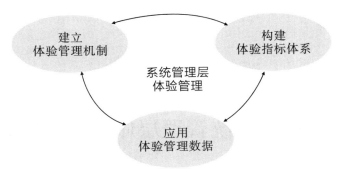

图 3-1　系统管理层体验管理模块

第二节　建立体验管理机制

建立体验管理机制包含两方面内容：一是定义设计体系，将体验管理内容规范化；二是搭建协同平台，将体验管理方法流程化。

一、定义设计体系

（一）定义设计体系：What

第一点：设计体系

设计体系是指为实现数字产品的目的而组织在一起的一系列相互关联的、有序的模式与实践方法。

模式是指界面中任何可复现、可复用的元素，包括具体的、功能性的元素（如按钮和文本框），也包括更具描述性的、感知性的元素，如色彩、版式、图标样式，以及重复的使用流程和交互行为等。

实践是指人们如何创建、获取、共享和使用这些模式，尤其是在团队协作时，完成这些任务所采用的方法。设计体系架构如图 3-2 所示。

图 3-2　设计体系的架构

L1：基于团队共识的价值观和数字化产品的目的，可以萃取出设计理念和设计原则。

L2：随着设计项目的深入，可以总结出设计语言和设计指南。

L3：设计语言与设计指南可落实到具体的设计规范和组件库中。

以上这些信息通过工作流程和实用工具等共享的手段传递给团队成员，从而形成一套设计体系。

设计体系可以划分为三个主要类别。

1. 平台类：主要指各生态系统下的多个应用软件、多种产品的设计而推出完整的设计体系，不仅可以在公司内部应用，还可以对外公开且具有一定的设计影响力。例如，Apple 的 Human Interface Guidelines、Google 的 Material Design，以及华为的 HarmonyOS 设计系统都是典型的平台类设计体系，不同的公司也能使用该设计体系中的规范进行设计活动。

2. 公司类：为自身产品或同类产品打造的、在公司内部使用的设计体系，应用范围属于公司内部。例如，Spotify 的 Encore 设计体系是典型的公司类设计体系，所有具体的规范、资源等都仅对 Spotify 公司内部开放，服务于 Spotify 内部产品。

3. 领域类：在领域内部使用的设计体系，应用范围通常为一个公司某领域内部。例如 Alibaba Cloud Design 是阿里巴巴公司内阿里云领域相关产品设计系统，应用范围为阿里云领域，而阿里巴巴集团其他领域的产品则由其他设计体系指导。

随着"开源"的大趋势和服务对象的变化，越来越多的领域类、公司类的设计系统会逐渐发展为平台类。例如，Adobe 的 Spectrum Design System、蚂蚁金服的 Ant Design 等。

综上所述，设计体系由清晰的理念和原则牵引，集合核心设计模式，参照设计指南，通过机制化的流程组织及实用工具加以整合，并且通过共享的手段传递给团队成员，以帮助产品相关体验建设者高效且一致地创建大量应用。

第二点：设计理念

设计理念是整个设计体系的核心灵魂，也是企业或产品文化的直接体现，代表着团队和参与产品创建的所有人所认同的主导思想及设计价值观，在宏观上辅助设计决策。例如：

1. HarmonyOS 设计理念：构建和谐的数字世界。

2. IBM 设计理念：Design is how we build bonds。

3. Ant Design 设计理念：自然、确定性、意义感、生长性。

在实际应用中，一个公司可以拥有统一的设计理念，也可以在不同的业务团队或产品阵营拥有不同的设计理念。例如：

1. Google 的设计理念贯穿其所有的产品：Support the future of design and technology。

2. Alibaba 的不同产品具有各自不同的设计理念。

第三点：设计原则

设计原则是由设计理念衍生出的，是做设计时要遵循的准则，能够指导具体设计语言以及设计指南的一系列特性，是保证设计能够达成设计目的并且践行设计理念的向导或指示。例如，Google 推出的 Material Design 的设计原则是：

1. Material is the metaphor。

2. Bold，graohic，intentional。

3. Motion provides meaning。

设计原则可以辅助团队定义什么是"好的设计"。

第四点：设计指南

设计指南是一个针对体验设计的总体建议导向，旨在引导设计者根据具体项目和用户的需求创建设计。例如，HarmonyOS 对不同设备特性提供了有针对性的设计，提供了一系列设计指南，包括智慧屏设计指南、智能穿戴设计指南等。

第五点：设计语言

设计语言是设计体系不可或缺的重要组成部分，一个产品的设计语言是塑造该产品独特且统一风格的一套法则，其目的也是统一整个产品的风格，并赋予产品区别于其他产品的个性。设计语言由一组相互关联、可共享的设计模式构成，核心模式主要包括感知性模式和功能性模式。

1. 感知性模式指与品牌和美学相关的模式，是界面中更具描述性的、无形的设计模式，这种模式以可视化方式表达和呈现产品的个性，如配色、排版、图标样式、间距与布局、特定的形状、动画和声音等。

2. 功能性模式指与行为相关的模式，如界面中有形的构件，例如按钮、标题、表单元素、菜单等。它们的目的是让用户能够完成某种行为，或者激励用户完成某种行为。

例如，IBM 设计语言定义了包括排版、色彩、图标、插画、图片、图表、布局及动效这类偏感知性模式的要素。Ant Design 设计语言，除了定义全局样式这类感知性模式，还定义了导航、消息与反馈、数据录入、数据展示等功能性模式。

第六点：设计规范与组件库

设计规范与组件库相辅相成，通过陈列所有界面中被复用的组件，不仅可以指导设计者的工作，还可以为前端开发人员提供参考，并且越来越多的组件库包含了代码。

通过工作流程及实用工具等，为团队形成有效且统一的关于创建和使用设计模式的共享知识。这些知识是通过共享的设计方法、前端架构、品牌愿景和日常设计实践传播的。可通过共同协作创建知识、定期沟通会议，以及构建供团队成员访问的共享平台来实现。

（二）定义设计体系：Why

第一点：设计体系的价值

设计体系的涌现和发展，并不只是为了解决用户体验的问题，也是源于组织的需要，原因主要有以下几个方面。①设备生产力逐步增强，需要敏捷响应多设备、多平台的需求。②多角色、多团队的组织结构和工作流程，需要适应快速迭代。③大量累积的设计经验、资产的拓展和维护，需要统一管理。

通过建立设计体系，使得多样性的业务与用户需求迎刃而解，主要优势如下：

1. 建立设计体系能够帮助提高设计决策和设计与开发沟通的效率，从而快速响应需求。一方面，设计者可以按照设计体系中的指南和规范进行设计和评审。另一方面，开发工程师也可以复用设计体系中的相关组件代码库进行前端开发。

2. 建立设计体系能够减少设计出错的可能性，让不同的人都能为同类问题快速达成一致的解决方案。没有设计体系的场景，设计者往往通过个人思考决定某个需求的交互设计方案，再与其他设计者反复讨论和评审确定，不同的设计者可能有不同的想法。建立设计体系就不需要花费时间和开发解释该交互组件的设计，版本迭代开发人员交接时，开发与开发，开发与设计者又需要花费更多时间相互沟通，沟通次数越多，效率越低。

3. 建立设计体系可以让新员工快速进入工作，提升沟通指导的效率。将设计体系作为新员工入职培训的一部分，可以有效减少一对一沟通的人力成本，也能让新员工快速理解设计过程中所涉及的因素以及如何做出决策。

4. 建立设计体系可以减少人员更迭损失，设计不会因为某位关键成员的离开而影响正常运转，其他员工可以继续根据设计体系中的规范和共识开展设计。团队设计成员按照设计体系规范进行设计，并将设计资产通过设计体系共享，接手的设计者就能顺畅地无缝衔接。

以上主要是从产品或项目维度来表达的设计体系的价值，那么对于用户而言，设计体系能为用户带来连贯一致的体验，可以让产品在任何平台的表现保持一致性，促进用户理解。对于设计团队的发展而言，设计者通过设计体系构建过程，反复深入对需求和场景的思考和规划，促进对用户和业务诉求进一步的关注和理解，在无形中增强创造力。

设计体系的构建和维护从来都不是一项简单和短期的任务，为了充分了解影响设计体系的因素，需要明确设计体系的尺度。可以通过"规则的严格程度""部件的模块化程度"和"组织的分散程度"这三个纬度去分析设计体系。规则可以从严格到宽松，部件可以由模块化的到集成化的，组织可以是集中式的也可以是分散式的。

第二点：规则的严格性与宽松性

严格的设计体系，有精确的规则和流程，并且要求严格遵守，包括标准化的说明、设计组件和代码完全一致且保持同步，引入新组件的流程非常严格，需要详尽的说明文档。例如，Airbnb 的设计体系就是很严格的，Airbnb 的设计体系有标准化的规范，通过全面详尽的文档严格定义了设计指南，并且该企业的设计资产与前端工程是完全同步的，随时保障跨平台模块的每一个组件的 Sketch 文件与代码同步匹配。这种严格的规则，优点是能够保障精确和一致性；缺点是可能会导致其趋于僵化，如为了一致性而放弃更好的体验。

宽松的设计体系有较为随意的规则和松散的流程，每个场景都可以进行微调，以适应不同需求。可以只包含草图低保真记录规则、核心样式的简单文档说明即可。例如，TED 设计团队规模较小，其负责设计体系相关决策的成员仅 6 人，且由 2 名用户体验从业者和 4 名前端开发人员构成。该团队优先考虑的是品牌的感觉和页面的实用性，而不是完美的视觉和交互一致性。宽松的规则非常适合拥有对环境的敏感性和对实验友好性的产品，但这种简单灵活的设计体系，对于团队成员的要求也更高，必须保证每个人都完全同步理解产品的目的和设计方法。

选择严格还是宽松的规则，和团队规模并没有多大关系，主要取决于团队的工作方式和工作优先级。

第三点：部件的模块化与集成化

设计体系同所有系统一样，是由不同的部件构成的，部件可以是模块化的，也可以是集成化的。

模块化的方式，就像搭积木一样，模块与模块可以各种方式组装在一起。这种方式敏捷、适应性强、复用率高、易维护。适用于需要扩张和发展、满足多样化用户需求、多团队并行独立开展工作的产品。例如，HarmonyOS 设计体系的原子化服务设计，服务卡片是其核心要素之一，通过多设备适配原则，满足常规手机、折叠屏、平板设备用户的使用场景和需求。模块化的方法虽然具有更强的适应性和可扩展性，但在构建可复用的模块时需要充分考虑各种场景和用例，反复推敲，耗时较长。另一方面兼容通用的模块结果可能会变得平庸，就需要使用感知性模式、独特的内容服务等来提升创意和吸引力，因此在应用到设计体系中时，需要平衡好技术效率和用户体验的关系。

集成化的方式就像一体成型的，不能随意拼装互换。这种方式适用于针对某个特定目的而设计，偏向于一次性特征化表达，无须考虑重复共享组件的需求，更加凝聚一体，也更容易使团队聚焦到一个目标，从而快速构建出来。例如，华为全联接大会网站，就是典型的采用集成化方法的例子，作为一年一度的大型展会活动网站，每年都有不同的主题，更大的灵活性和更多的创意表达更有意义。

集成化的设计也有可能抽取出可复用的组件，从而往模块化方向发展；模块化的程度也可以随着时间的变化而变化。通常来讲常见的是聚少成多的正常逻辑，也有正好相反的情况，如果发现大量复用的模式已经限制了创造力的发挥，那么就应该考虑对特定内容进行集成化的设计。

第四点：组织的集中式与分散式

集中式组织的设计体系、规则和模式主要由特定团队管理，由团队定义且对设计体系相关的事物拥有决策权。集中式的方式提供了控制权和可靠性，但由于责任落在一小部分人身上，容易出现瓶颈从而影响产品发展。例如，HarmonyOS 作为华为公司的重点项目，必须确保设计体系专注于为用户服务，没有专门的设计团队负责是不现实的，因此就需要集中式的团队专注于维护体验生态，通过遵循一套从建立到测试再到发行的严格规则，有统一的输入源，通过设计团队的转化输出到不同业务场景。

分散式组织的设计体系，每个使用设计体系的人都要负责维护和发展相关的模块，设计知识和创作方向是分散式的，不会集中在少数人手中。分散式提供了更多的自主权，敏捷弹性的方式使得团队更有创造力，但要这种工作方法可持续并坚定创意方向，也是一项挑战。例如，BBC GEL 设计系统就采取了分散式的方法，设计团队并不是设计系统的唯一维护者，组件库是随着应用到具体开发项目不断丰富起来的，设计体系是由各个成员共同构建和拥有的。

标准的界定并不是绝对的，每个设计体系的规则可以定义在同一维度的任意位置。随着业务的发展，这些维度的位置也是随之动态变化的。

结合近年来行业的发展趋势，设计体系也体现出了基因遗传、动态进化、开放兼容的生态性。

（1）本着语言系统本身具有基因遗传的生态特性，一套成熟的设计系统，一定会保留一些固有的特性，会对产品设计表现有着基因级别的底层影响力。

（2）设计体系不是一份静态的组件库与规范文档，而是一个动态的且能自我进化的系统。

（3）当前谷歌、微软、IBM、阿里巴巴、华为等大型企业都推出了开源的设计语言，这些成熟的设计体系承载着大量的项目实践与经验总结，对其他中小企业不仅有较大的借鉴和参考价值，更大的意义在于能让不同地域、不同类型的项目得以在共同的规则下共建、共生、共赢，对于平台生态无疑是一种利好。

（三）定义设计体系：How

影响设计体系的因素有很多，如组织架构、团队文化、产品类型、设计方法等。每个公司都不尽相同。以下是基于大量实践案例，归纳出相对通用普适的设计体系的步骤。

第一步：定义设计理念

设计理念作为团队和参与产品创建的所有人所认同的主导思想和设计价值观，是整个设计体系的精髓。可以通过如下核心步骤快速地决策出设计理念。

1. 与相关部门明确商业目标和产品定位，得出战略层愿景。
2. 与组织内的利益相关者进行研讨共创，达成共识。
3. 言简意赅的总结核心洞察。
4. 通过调研方法，对用户或是产品结果进行验证，验证设计理念是否有效。

通过上述有效的方法，可确保在整个组织内保持一致，提出有意义的设计理念。

第二步：定义设计原则

以设计理念为基础，进一步定义设计原则，也就是定义出能够保证设计可以达成设计目的，并且践行设计理念的向导或指示。设计原则定义的核心步骤与设计理念定义的步骤在逻辑上是相似的。

1. 两者都需要与业务相关人员对齐，达成共识。区别于定义设计理念，在定义原则时，通常从用户、愿景、方式、价值、目标五个纬度思考，进一步细化，聚焦于具体业务根据业务场景达成相应共识。
2. 达成共识后，相关人员可以对比讨论结果，并从中提炼出设计原则，并对原则进行测试和修订。切记要保障这些原则是真实而贴切的、实用可操作的、有观点的、能产生共鸣且容易铭记的。
3. 随着产品不断演进，设计原则也会不断发展。因此，需要在业务发展过程中不断判断设计原则是否依然有效，从而持续不断地对原则进行测试、评估和优化。

第三步：定义设计指南

当设计原则从早期进行的研究中形成时，可以将这些原则转化为设计指南。例如，Material Design 的设计原则，转化成了与手势相关的设计指南。HarmonyOS 也基于原则转化衍生出了通用设计基础指南、AI 设计指南、隐私设计指南、无障碍设计指南等系列。

第四步：定义设计语言

构建塑造产品独特且统一风格的设计语言。所有的设计语言都服务于业务顶层战略发展。在构建一门设计语言之前，需要对业务所在的行业背景、价值主张、品牌特性、用户群体、流行趋势有充足的认知，以及对市场和用户的洞察等多个方面，进行系统的规划。这些都影响着设计语言的核心模式定义。可以基于这些前置输入条件，综合使用多种设计方法，发散多个方案，再收敛，通过测试反馈，不断迭代循环，从而提炼出更优质的设计语言。

设计语言有两个核心设计模式：感知性模式和功能性模式。下面分别说明这两个设计模式的定义方法。

1. 感知性模式关注的是用户直观的感受或行为，是产品尽力打造的个性和营造的氛围带来的产物。产品的精神形成了塑造产品调性的感知性模式，风格样式能体现体验设计服务的本质。通常采用下面三种设计方法：情绪版、样式叠片和元素拼贴。

（1）情绪版设计方法本质在于将情绪可视化，可以帮助团队定义视觉设计相关的色彩、图形、质感、构图和字体五大要素。

（2）样式叠片是更精细化的视觉设计探究，是由字体、颜色等界面元素组成的，能传递 Web 视觉品牌精髓的设计交付物。

（3）元素拼贴是模拟多个元素组合在一起，如排版、颜色、图标、图形和组件等，以显示如何实现样式，从而用来传达设计方向的可交付成果。

这三种设计方法保真程度依次递增，也可以相互叠加使用，并持续迭代演进。

2. 功能性模块反映的是用户需要且想要的内容。产品所属的领域及其核心功能影响了功能性模式。功能性模式的执行、内容、交互方式和显示效果可能会变化，但所鼓励的核心行为是保持相对稳定的。可通过以下步骤定义功能性模式。

（1）创建模式映射。

将一些核心模块映射到用户轨迹的各个部分，通过这种方式将模式理解为具有相同目的的多个系列，就可以提取出核心的功能性模式，如搜索、筛选、评价等。

（2）打造界面清单。

收集并梳理界面组件，形成归类分组。这些组件形成了不同的分类：导航、按钮、表单、列表等。通过这个过程，将会得到一份需要进行标准化的元素的列表，附带一些关于如何定义这些模式的草图和想法，并在团队中形成关于如何在整个系统中使用这些模式的共识。

（3）将模式对应到操作，描绘内容结构。

通过关注操作，可以将模式与行为联系起来，并兼容各种不同的用例。列出让模块能够有效运行的核心内容，绘制出专注于模块内容结构、元素层次结构和分组的草图，从而让结构变得可视化。

（4）按维度排列模式。

可以试着将相似模式通过某种维度排列在一起，能避免重复建设，确保在系统中的使用更加恰当。同时也可以通过排列，形成视觉音量表，便于后续准确有效地应用到产品设计中。

通过设计工程化相关工作，将设计过程变得更加系统化。遵循先全局再细分的原则，可以避免只关注单独的模块，从而充分考虑多模块的协调一致，以及如何帮企业实现产品的目的。具体包括如下几个步骤。

1. 设计资产清查：当项目团队开始着手将设计语言工程化时，需要找一个合适的时机，通常是在完成一个大的功能迭代之后，投入专注的时间来整理产品的主功能，以及优先级高、复用率高的页面设计文件，按照适合的逻辑归纳整理并审视不一致的设计元素，目的是确保基本材料的统一。

2. 创建设计语言词汇表：设计语言应该清晰地定义可重复使用的单元，这些单元就像单词汇聚成词典。设计语言要在所有参与产品创建的人之间共享，所以需要一种更加结构化的方式来捕获、共享和组织设计词汇表。设计词汇表通常可以通过制定文件名称规则、典型页面名称规则、控件名称规则的方式来创建，保证元素和组件逻辑清晰。

3. 创建设计指导规则：制定设计规则、也就是应当严格遵循的明确规则，目的是为设计人员创造约束条件，通过明确的规则，让效率和质量更高，一致性得到更好的保障。设计建议，即推荐的规则，设计人员可以跳过这些规则以创建更好的品牌感觉或更具有实用价值的页面。指导案例，提供最佳实践和错误案例，更直观地帮助设计人员参考使用。通过创建设计指导规则，设计者遇到同一类组件设计场景时，对于高可复用的界面，就可以根据企业的业务模式，对组件、模块做出合理的采纳和舍弃，使之满足业务场景设计和实现的需要。

4. 制作多种资源表达形式。针对具体资源内容，有基于设计主流工具的各种格式文档，比如 Sketch、Figma、Axure 以及墨刀。资源充足的大厂，也会推出定制化的工具包，比如 Google Material Design 就推出了图标、字体、色板、形状等多个方便实用的工具套件。

5. 构建可供访问的共享平台，如模式库、共享网站等，可以便捷地对内容资源进行查看、获取和学习，并提供反馈，形成共享、共建的生态机制。

在产品生命周期的不同阶段，产品需要解决的问题是不同的，从而对应的工作内容和建设策略也不尽相同。如果取产品生命周期的探索期、成长期、成熟期这三个阶段，映射其对应的设计体系建设策略，可以看到：

1. 在探索期，主要是以解决关键问题、实现业务价值为主要目标。因此在这个时期明确设计理念、设计原则、定义感知性模式，可以统一目标、确立风格，同时关注核心场景的最优体验，坚持立足为本。

2. 在成长期，主要目标是能力完善、强健扩张，可以重点定义功能性模式，并维护增强感知性模式，通过样式指南的指引、组件库的复用，构建并丰富共享知识的模型。

3. 在成熟期，目标主要是效率提升、产品增长，该时期可巩固功能性模式，并重点工程化整合设计模式，至此整个设计体系的发展也已稳定成熟，甚至可以快速孵化其他关联产品。

完成了设计体系的构建，最后需要进行设计体系的维护。设计体系的构建，需要投入大量的人力和精力。设计体系的持续维护，意味着分享构建过程中的成功经验、总结和反思失败教训，同时成果的输出和分享可以不断地增强影响力；这也是维持团队的一种持续动力。对于团队来说，相当于先一次性完成大部分工作，再把剩余任务当作持续性的团队工作，让整个团队都能参与其中。设计体系的维护包括以下几点。

1. 把设计体系纳入新员工入职培训。

2. 面向所有部门推广共享设计语言。

3. 在整个公司推广模式库，鼓励大家使用。

4. 通过沟通、协作、结对、培训等方法，建立知识共享和维护的流程。

如今，工作和生活的方方面面越来越多地转向线上完成，当管理层完全理解了设计体系这种系统化的形态，说不定也会对其他事物的对待方式产生新的积极的思考。

（四）定义设计体系：Sample

以某企业计算生态社区平台的设计体系构建为例。计算生态社区平台是企业计算产品业务线打造的生态网站群的设计系统，作为一个体系化的系统平台，承接鲲鹏社区、昇腾社区、OpenEuler 开源社区等多个计算领域的网站建设，属于典型的领域类设计系统，如图 3-3 所示。

图 3-3 计算生态社区平台的设计体系构建示例

由达成共同认知的设计理念和设计原则牵引，统一制定清晰的设计标准指南。通过机制化的组织流程，打造出可复用的组件、模板等集合，形成设计资产，再到开发工程化实现。这些内容构成了生态社区设计体系的完整建设框架，构建覆盖多个业务子领域的计算体验一致性，保证了一系列生态社区网站设计落地的质量，并显著提升了交付效率，如图 3-4 所示。

（1）生态社区

（2）生态社区：鲲鹏、昇腾

图3-4 生态社区示例

第一步：定义设计理念

围绕生态社区与计算产业的紧密联系，通过组织相关利益者的

Workshop，共创达成"开放、沉浸、一致"的设计理念，贴合社区的愿景和价值观，达成设计与业务的深度结合，致力服务产业生态里的各个角色，如图3-5所示。

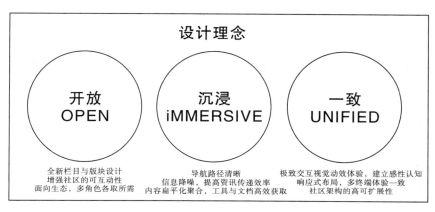

图3-5 设计理念示例

第二步：定义设计原则

进一步深入业务场景，用头脑风暴和卡片分类法，通过设计准则图，抽象出符合的设计原则，如图3-6所示。

设计原则

	简明的 信息展示			一致的 浏览体验			流畅的 操作感受		专业的 服务支撑		友善的 引导反馈		丰富的 内容表达		
必须有 无法舍弃、不能妥协	突出信息重点	凸显价值的设计	快速路径简明	交互一致 品牌一致	多端体验一致 简单易用	使用用户语言 遵从用户使用习惯	视觉风格一致 易懂文字		诚实 可信赖的	变更可回溯 可撤回	防错 	及时有效通知 及时反馈操作流畅		自我独特性	易识别	品牌辨识度
应该有 不是非要不可，但希望具备	重点突出分明	直观直接	最小成本化	多端协同	易用性		流畅经滑 状态可见	透明 指南出错帮助	专业化的 可信任的		充分的引导与指导 人性化的帮助	情感化的 无障碍色彩应用		内容形式多样	丰富的页面充实	可扩展
可以有 不是立即相关的事物	贴近用户	可视化		关联性							引导与帮助 用户可灵活配置	情感共鸣 有趣的	新颖的非常规的动效 多样化的信息表达	合适的信息表达 丰富媒体表达	全球化 国际化	酷炫的表达
绝对不要 决不让步，一定不能有的事物	目录混乱	人口不明	长篇大论	前后不一致	自相矛盾		无反馈	延迟	错误信息 故弄玄虚	虚假不真实 浮夸的表达		存在歧视性				

图3-6 设计原则示例

第三步：定义设计语言

对生态社区的设计品质持续进行打磨，并将设计实践中的价值内容沉淀梳理，归纳出通用的设计语言特征如图3-7所示。

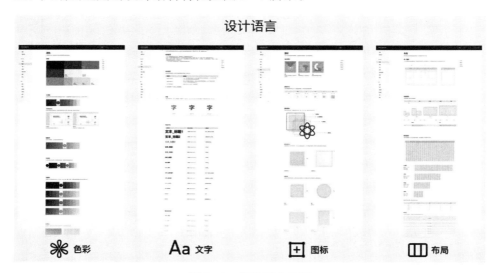

图3-7　设计语言示例

设计语言特征有以下几个方面。

1. 简洁与规范的页面布局与图标提升品质。
2. 清晰的文字层级与品牌色为主，打造高品质社区体验。
3. 抽象技术图形化表达辅助业务理解。

第四步：设计规范与组件库

组件工程化，目前生态社区已有基础组件40多个，这些组件满足了90%以上的页面搭建诉求，如图3-8所示。

图 3-8　设计规范与组件库示例

第五步：完善设计体系

系统化的帮助体验建设相关人员如体验规划设计者、交互设计者、视觉设计者、开发工程师等高效、一致、可持续地创建大量的应用，确保用户体验的一致性。这个过程并不是静态的，而是通过多种数据洞察手段，随着全链路发展节奏，不断迭代提升用户体验。

第六步：体验能力开放

设计体系的延伸，就是体验能力开放，从专业领域到产品线领域，从产品线领域到生态行业领域。

体验能力建设是一个不断迭代、验证、汇聚的过程，是始终站在业务场景和用户角度深度思考和积累的，企业自身也期望在追求极致生态体验的道路上，通过探索模板共享、资源共享、方法共享的体验能力开放，与每一位计算生态产业的参与者一起，持续迭代演进，共享、共创、共建繁荣社区生态，如图 3-9 所示。

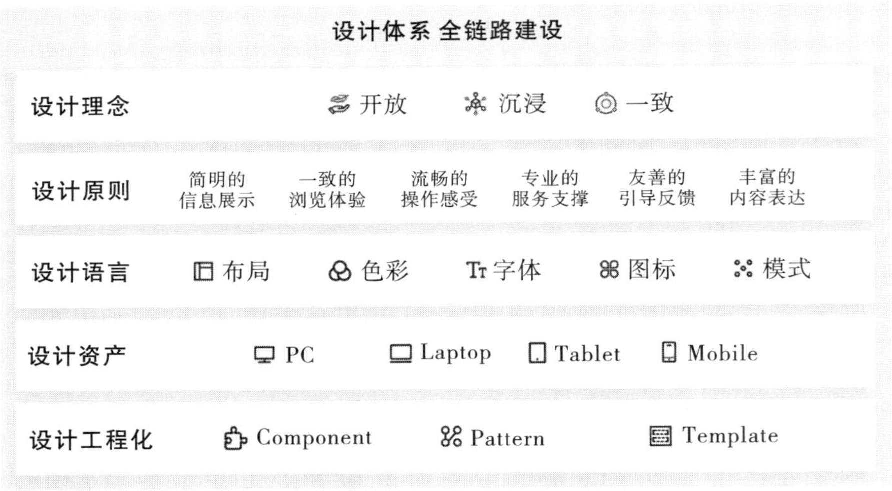

图 3-9　定义设计体系

二、搭建协同平台

（一）搭建协同平台：What

协同平台是一个适应体验管理团队多场景需求的云端协作中心。不同部门可以不脱离原工作环境，只需要将资源或成果上传到云端平台，团队其他成员便可以在这个平台中完成后续的协同工作。

协同平台最早主要用于解决大型工程项目的协同难题。随着体验工作中多角色、多部门对规模化协同需求的增长，大型体验团队逐渐开始探索企业级协同方案。2016 年以后，互联网企业的规模迅速扩大，单兵作战的模式逐渐被大型团队协同取代。为了克服工具本身和系统差异带来的限制，协同平台开始被越来越多的企业接受。近年来，居家办公和远程工作的趋势让整个协作行业空前繁荣，协同平台纷纷往全流程、全链路的大型平台进化，以实现更高的工作效率。

随着近几年行业的发展，协同平台已经开始加入任务管理、在线原型及高保真 UI 设计、在线文档撰写、团队数字白板等更多、更复杂的功能。从最基本的需求来看，满足中大型体验管理团队使用的企业级协同平台至少需要具备以下的能力。

1. 能够建立云端体验管理的资源库、规范库和素材库，保证团队成果存放有序，相关规范和素材来源可靠。

2. 能够兼容当下行业内所有的主流工具，支持在线查阅及评审。

3. 能够实现成果快捷交付，比如为开发工程师提供获取切图、标注等功能。

4. 能够全面地记录各版本状态，支持历史版本回溯和查询。

5. 能够接入复杂的企业员工组织架构，支持部门及成员管理，支持多维度的权限管理。

6. 能够将整套系统部署在企业的私有云，支持 SSO 等高级登录方式。

7. 能够和企业中原有的其他自研或现存的解决方案打通，实现数据和信息顺畅流通。

（二）搭建协同平台：Why

搭建协同平台有以下几个好处。

第一点：团队保持稳定高效的产出

在传统模式下，基于源文件流转、多个相互独立工具"各自为政"的工作方式造成过程数据无法顺畅传递，部门之间难以高效沟通协同的问题，最终很容易导致项目进度延误、成品质量下降。中大型企业的体验管理团队内部往往有更细致的角色划分和更加规范化的作业流程，这就意味着更复杂的管理策略和规则。顺利地让这些复杂的策略和规则落地的最好方式就是工具化（或产品化），并且让协同设计平台来统一承载它们。

比如，体验管理团队一般采用一种经典但高成本的方式来解决多人体验管理的协同问题：建立并维护一个体验管理规范网站，员工通过这个网站获取该项目的关键信息，包括设计原则、风格指导、组件说明等。这种单线程的多人协同流程，每一环节都会受到上一环节或下一环节的限制，无法发挥最大协作效能。而且，网站的滞后性及高维护成本，使得这种工作方式极其低效且难以维持。

搭建基于云端的协同平台后，网站上的所有内容都可以直接转移到平台中，借助插件甚至可以嵌入体验管理工具中。这种方法无须建设和维护网站，使用的成本大幅下降，滞后性和更新触达的问题更是彻底得到解决。借助平台的成员管理和权限机制，这些资源可以快速、准确地推送给团队中的任何部门或者人员，彻底解决团队规模化过程中的协同障碍。

第二点：更好地应对合规和版权风险

大型的软件研发团队往往需要接受权威机构的认证，例如 CMMI、ISO、ITIL 等认证，并且对产品的知识产权风险会非常敏感。搭建基于云端的协同平台后，可以有效地规范团队内部的流程和作业方式，所有活动和操作均有记录，且可以输出报表。

以 CMMI（软件能力成熟度集成模型）的评审场景为例，规范中明确了评审流程必须记录并展示"效率""速度"以及"缺陷密度"等核心指标。如果缺乏协同化云端平台，企业解决这类型问题只能自研相应系统，耗费巨大的团队精力和时间成本。CMMI 评审需要验证企业现有软件研发流程与企业现阶段理应达到的 CMMI 成熟度是否存在差距，其中包括过程是否稳定且灵活，而保证过程稳定且灵活的要素之一就是高效协同。

此外，基于云端的协同平台也是企业最可靠的内容或素材中台，可以有效解决团队应用素材不规范，来源不可靠，最终风险不可控的问题。平台接入企业自有的素材库或者有商用授权的品牌素材库，不但可以统一对外展示的风格，更能够大大降低意外侵权的风险。

第三点：利用扩展性实现小型需求，保持内部生态闭环

对于大型团队或企业而言，根据业务的不同，往往会诞生一些特殊需求。充分借助平台的可扩展性，实现起来更敏捷、可靠。平台的扩展性开发比较常见的方式有以下三种。

1. 由研发厂商提供平台的技术支持，并提供相应能力。

2. 平台提供 API 及技术文档，由企业自行开发并解决。

3. 平台提供插件市场或应用市场，协助企业开发插件或微应用，以解决相应需求。

目前国外厂商都在向后两种策略发展，偏工具属性的平台产品一般提供应用编程接口，甚至以 PaaS（Platform as a Service，平台即服务）的方式直接提供可集成的核心能力。偏基础设施的平台产品一般提供插件或者应用市场，这类产品往往还能提供底层通用能力，包括即时通信、办公自动化等。总之，企业可以根据自己的内部生态状况，选择适合的扩展性开发方案。通过应用编程接口建立程序之间的链接，实现用一个程序调用另一个程序。企业可以借助

接口实现应用互通，用最低成本建立最全面的解决方案。

企业或团队的需求一旦能够最大化地在协同平台上得到满足，再回到孤立的单品就变得没有任何意义，这也是这类平台对企业数字化改革的核心助推力之一。

（三）搭建协同平台：**How**

搭建协同平台有以下几个步骤。

第一步：搭建企业的私有协同设计平台

目前国内的私有协同设计平台搭建方案主要有两种：

1. 完全自研，企业自己搞定平台的所有功能。
2. 借助第三方研发商的成熟方案，进行私有化部署。

由于协同设计平台具备较高的研发门槛，需要大量的资源投入，目前国内只有最头部的几家互联网企业完全自研，绝大部分企业是借助第三方研发商的能力，通过私有化部署来实现的。第三方研发商会派出专业的用户经理，与企业一起确定部署的细节。无论是采用私有云还是私有服务器，在对方的协助下往往可以在 2～3 天就搭建好并交付使用。

由于这类产品大多设计为即开即用，零上手成本，所以基本不用考虑员工的培训问题。借助随处可见的 Tooltip 提示、视频解说和帮助文档，大部分团队成员都可以在较短时间就融入全新的平台。

第二步：充分利用协同平台的兼容性，包容习惯差异

目前体验管理的软件工具呈现百花齐放的状态。例如，常见的原型设计工具有 Axure、摹客 RP、Justinmind 等。常见的高保真 UI 设计工具，有 Figma、Sketch、AdobeXD、Photoshop 等。由于这些产品基本无法相互兼容，所以团队在沟通和协同中面临严重的壁垒。

许多大型团队采用最粗暴的做法：强制要求团队统一使用某一款工具。但这种做法有不小的转换成本，团队甚至要专门组织相关培训，来缩短新工具的适应期。即便如此，新工具从上手到精通依然会有熟练度爬坡的过程，对参与者的心态和产出效率都有较大影响。

协同平台采用自研的渲染引擎，并兼容市面上的绝大部分软件格式。企业搭建好协同平台后，无须改变自己熟悉的工具，只需要利用内嵌在日常工作软

件中的插件，将关键数据，比如素材、组件、设计稿等，同步到协同平台中，就能融入协同的工作流了。同一张画布上可以轻松展示不同上传源的设计稿，体验管理规范中的素材和数据也能同步到不同工具中，便于参考和调用。这样做，团队中的不同设计习惯得到了充分的包容，同时效率也达到了最佳的状态，如图 3−10 所示。

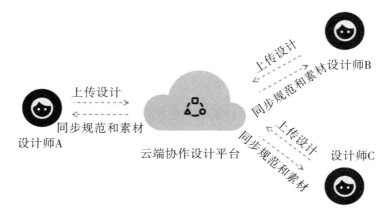

图 3−10　云端协作设计平台示例

基于云端的协作平台解决传统设计流程的单线推进问题，实现多个设计者高效实时协同，无论是设计产出、设计任务管理还是设计规范管理，都能做到同步推进且互不影响。

第三步：在大型项目中应用 **Design token**

当体验管理团队在应对复杂、大型项目时，协同平台能智能地向工程师展示 Design token 将大大提升交付质量和效率。

Design token 是一套符合开发逻辑的视觉规范和元件命名规则。目前一些主打深度协同的协同平台已经开始融入相应的解决方案。因为体验管理规范天生能与 Design token 良好地结合起来，所以在云端平台建立规范的过程中，可以提前预设好相应的 Tokens。具体做法就是团队负责人在创建好云端设计规范后，邀请开发人员提前介入，在云端逐一将颜色、字体、样式、组件等信息做好 Tokens 注解，包括变量名称、使用说明、参考链接等。

当设计方案完成上传后，已包含了 Tokens 的设计规范库就可以和项目进行关联了。关联后的协同设计平台就具备了设计方案的理解能力，能正确识别和展示组件的 Tokens，仿佛平台真正理解了业务组件和模块。采用这种方式，设计者在设计阶段就能良好地预判最终效果，避免潜在的问题。开发工程师则可以更快速地完成业务模块的构建，保证项目界面和逻辑能准确落地。

（四）搭建协同平台：Sample

以摹客为企业用户部署的协同平台为例。企业的体验管理团队借助协同平台不仅可以自由配置后台权限和管理组织成员架构，还可以自动生成成员操作记录、项目更新状态等，并有全面的团队统计数据，供企业管理者查阅，帮助企业实现体验管理协同的精细化管理，如图3-11所示。

图3-11 协同平台管理页面1

协同平台将已包含了Tokens的设计规范库和项目进行关联，开发工程师可以快速理解设计稿和应用相关参数，而无需设计者重复注释。借此，设计协同平台可以打通设计与开发之间的鸿沟，让高效协同不仅仅停留在设计环节，而是可以延续到设计交付乃至开发落地等后续流程。协同平台可对规范及Tokens进行管理，如图3-12所示。

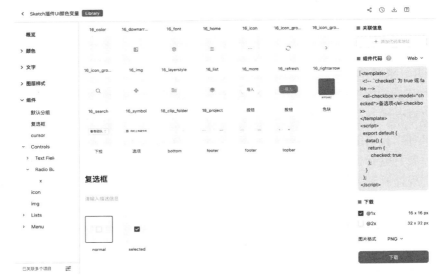

图 3-12 协同平台管理页面 2

对于有合规性需求的团队，协同平台在深度记录和跟踪团队任务流程的同时，还会自动根据工作进展统计出核心模型指标，达成 CMMI 等软件认证的要求，省去企业自行研发相关功能的成本，如图 3-13 所示。

图 3-13 流程中自动计算 CMMI 核心指标

协同平台强大的兼容能力可以接受多种格式的资源和内容，即使是不同的软件产出物，也能上传到同一个项目中进行协作，例如进行集中评审、交付开发等。

协同平台的方式不需要强制团队成员采用一致的生产软件，尊重参与者的习惯，降低了体验团队在使用协作平台时的门槛。团队在平台中对不同来源的设计进行统一讨论和规划，如图 3-14 所示。

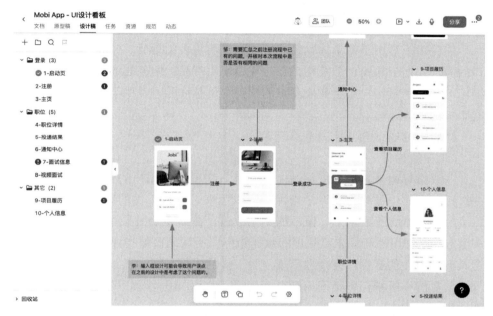

图 3-14　搭建协同平台示例

第三节　构建体验指标体系

构建体验指标体系包含两方面的事项：一是梳理体验指标，将用户完成特定任务的服务触点整理成可监测的指标；二是搭建监测体系，实现端到端地管理用户体验相关数据。

一、梳理体验指标

（一）梳理体验指标：**What**

体验指标是用于衡量体验管理质量和成功与否的指标。体验指标通常与用户的需求和期望相关，涉及用户在购买或使用产品或服务时的各个方面。这些指标可用于衡量用户对企业或品牌的感受和情感体验，并用于评估用户对产品或服务的整体体验。

体验指标通常会包括三个层级。

1. 一级指标

一级指标通常是最高级别的体验指标，用于衡量用户的整体体验和成功。一级指标有时也被称为北极星指标，可以用来进行持续性的跟踪监测、对标，以了解自身体验所处水平，但不能用于改进。在体验北极星指标选择上，NPS和满意度是常用的衡量体验管理的数据指标。所谓北极星指标，就是通过1~2个具有指引性的指标，概括性呈现体验工作的成果。

常见的一级指标包括用户满意度（CSAT）、净推荐值（NPS）、用户忠诚度、用户流失率、转化率等。有时也会选择一些运营和经营指标作为北极星指标。

2. 二级指标

二级指标通常是一级指标的子指标，用于进一步细分和衡量体验管理的不同方面。二级指标是对一级指标的解释说明，可以更为具体地了解体验的问题方向和短板类型，帮助锁定体验优化的具体目标。二级指标用于定向但较难定位。

常见的二级指标包括产品或服务质量、品牌知名度和形象、服务响应时间、价格和价值、用户支持和沟通等。

3. 三级指标

三级指标通常是二级指标的子指标，用于更细致地衡量体验管理的各个方面。相比二级指标，三级指标的体验改进指导价值更加具体和容易落地，可以比较明确地确定体验优化的抓手和具体场景。

常见的三级指标包括产品或服务的易用性、产品或服务的可靠性。

通过使用一级、二级和三级指标，企业可以更好地了解体验管理的各个方面，并根据这些指标进行优化和改进。同时，这些指标也可以帮助企业更好地理解用户的需求和反馈，提高用户满意度和忠诚度。体验指标的层级与结构如图 3-15 所示。

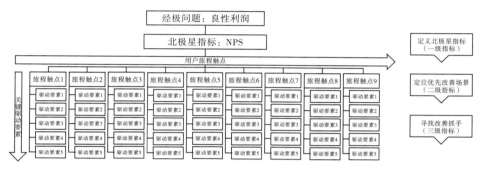

图 3-15　北极星指标示例

（二）梳理体验指标：**Why**

体验指标是科学管理客户体验的重要前提，就如同看病，医生虽然有丰富的经验，但依然要通过体检报告或化验报告的多项指标来诊断和判断病情。而体验指标的作用和价值，就如同体检报告或化验报告，帮助管理者客观了解当前的体验状况，并锁定核心体验问题，以便开展下一步的体验优化提升工作。

但是，很多企业并没有建立体系化的体验指标监测体系，也没有清晰衡量体验的指标，导致体验管理和优化工作以点状或碎片化的方式开展，缺少系统性。这与企业对体验指标的价值认知不足有一定关系。

体验指标对于企业的体验管理而言，有以下几方面的价值：

1. 确定体验 KPI。

通过梳理体验指标，企业可以确定关键的业绩指标，以衡量企业在用户体验方面的绩效。这些业绩指标可以帮助企业了解用户体验的优劣程度，并提供有关如何改善体验的反馈。

2. 监控用户体验。

通过梳理体验指标，企业可以监控用户体验的变化和趋势，以及各个体验指标的变化情况。这可以帮助企业及时发现和解决用户体验问题，防止问题进一步扩大，从而提高用户满意度和忠诚度。

3. 动态了解用户需求与期望。

通过梳理体验指标，企业可以更好地了解客户的需求和期望，从而更好地满足客户的要求。体验指标的来源并不是随意的，而是基于客户在各个旅程、触点的关注要素而来，因此，体验指标反映了客户需求重点，可以帮助企业时刻做到以客户为中心，围绕客户需求创造卓越体验。

4. 确定改进重点。

通过梳理体验指标，企业可以确定需要优先改进的体验指标，以及需要进行哪些具体的改进，确定跨部门协作的具体实施方法并做好资源调度的准备。这些改进可以帮助企业提高用户体验，增加用户忠诚度和满意度，从而提高企业的业绩和竞争力。

5. 统一标准和语言。

这是一个非常容易被忽略但又十分关键的价值，通过梳理体验指标，企业可以建立统一的标准和语言，以衡量和描述用户体验。这可以帮助企业更好地沟通和理解用户体验和用户需求，促进内部跨部门的协作和协调。

总之，梳理体验指标是用户体验管理中非常重要的一步，可以帮助企业更好地确定关键业绩指标，监控用户体验，了解用户需求和期望，确定改进重点。此外，梳理体验指标还可以帮助企业统一标准和语言，提升企业内部用户体验管理工作的有效性和协同性。

（三）梳理体验指标：How

体验指标的梳理需要以下几个方面。

1. 确定一级指标。

这里以招商银行的一级指标为例，曾经同时使用 NPS、MAU 和 AUM 三个北极星指标来衡量用户体验，其中 MAU 为月活率、AUM 为用户资产管理规模。

2. 确定二级指标。

二级指标的确定依赖于对用户旅程的梳理，通常要经历以下几个步骤。

（1）梳理用户旅程。

首先，需要确定用户在与企业交互的过程中的各个环节和阶段，以及用户的需求和期望。这些信息可以通过市场调研、用户反馈、用户数据等方式来获取，可参考用户任务旅程图章节。

（2）确定关键业绩指标。

根据用户旅程，需要确定每个环节的关键业绩指标，这些指标可以帮助企业评估用户体验的质量和效果。例如，对于电商网站，可以使用以下指标来评估购物体验的质量：页面加载时间、商品搜索的成功率、购物车的放弃率、结账流程的完成率等。

（3）确定体验指标。

确定关键业绩指标后，需要进一步确定每个关键业绩指标对应的体验指标。例如，对于页面加载时间这个关键业绩指标，可以使用以下体验指标来评估体验质量：页面响应速度、页面的布局和设计、内容质量等。

（4）梳理指标层级。

根据体验指标的不同级别，可以将它们分层分级，以便更好地组织和管理。例如，在一级指标之下，将一些方向性的体验指标作为二级指标，将一些更具体和落地性的指标作为下一级的三级指标。

如图 3-16 所示，用户旅程图和指标体系的搭建需要调研、梳理、共创以及验证四个流程。

图 3-16　用户旅程和指标体系搭建流程

①调研。

梳理用户旅程和体验指标，前期的调研必不可少，而调研的手段和方法有多种。

A. 桌面研究：是通过公司以往有关用户的调研资料和素材，寻找对于用户旅程和指标有价值的信息。

B. 内部访谈：可以直接访谈企业内部的相关人员，包括体验团队、业务团队、一线执行人员，以了解业务流程、用户使用产品服务的流程和关注点。

C. 用户访谈：可以直接了解用户的需求、期望、痛点和体验感受。通过与用户进行面对面或电话访谈，深入了解用户的痛点和需求，有助于梳理用户旅程和指标体系。

D. 产品走查：对本品和竞品进行实际的亲身体验，通过真实体验，了解产品和服务的整体使用过程、痛点问题和关注点。

E. 客诉分析：利用企业内部已经沉淀的大量客户反馈和投诉信息，进行文本挖掘分析，以提炼较为常见的客户关注点。

②梳理。

基于调研结果，定义用户旅程的各个阶段和关键触点，包括用户接触、购买、使用、维护和升级等。通过用户旅程的定义，制定指标体系，包括一级指标、二级指标和三级指标等，如图3−17所示。

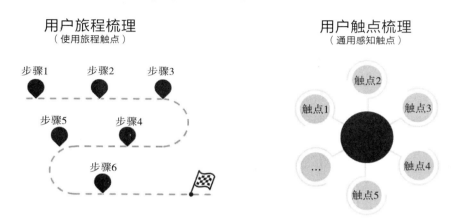

图3−17　用户旅程梳理与用户触点梳理示例图

在指标搭建的方式上，GSM模型是比较有效的方法。

GSM分别代表为：Goals，用户目标；Signals，用户为完成目标所采取的行为；Metrics，在用户行为下，所对应的测量体验的指标，最终将体验指标作为测量用户体验的具体维度。

体验测评的关键是梳理指标，该过程需要从体验测评目标开始入手，三个基本环节：目标—信号—指标（如图3−18所示）。

图3−18　体验测评的关键梳理指标

Goals目标，是指需要解决的问题，通过对产品（项目）目标拆解推导出用户体验目标，体验目标辅助产品目标达成。包括：业务目标是什么？用户目标是什么？设计目标是什么？要清楚明白要建立什么指标，以便选择实现目标过程中的指标。很多人容易陷入头脑风暴的陷阱，一开始都以穷举的方式，罗列出大量指标，却无法识别指标的重要程度及优先级。此时，项目团队需要拔高一个层次，从目标入手，拆解过程。这就像组织结构图一样，有一个顶点，下面多条分支。

Signals 表征，是指设计目标实现后所产生出的现象，设计目标是信号的必要条件。包括：与目标相对应的表征是什么？假如目标实现了，用户行为、态度会有什么改变？思考目标的成功或失败如何体现在用户的行为或态度上，什么样的行为会表明目标已经实现，哪些数据会与成功失败相关，如何收集这些行为和数据。

Metrics 指标，是对用户现象的量化，也就是表征所得出的可衡量的数据化现象。包括：与表征对应的关键指标有哪些？如何将这些信号转化成具体的衡量标准，能否和其他项目或产品进行比较？

以某金融 APP 产品开户场景为例，开户耗时短是体验目标，填写资料是表征显现，用户期待填写的资料更少，对应的评估指标就是"填写资料的时长"或用户对"填写资料便捷度"的评价，如图 3-19 所示。

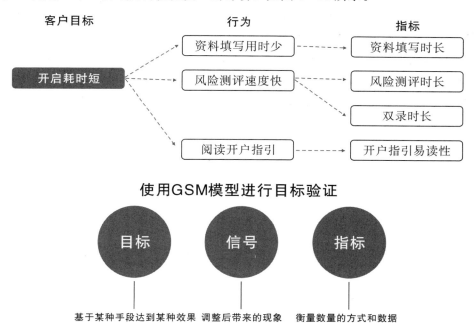

图 3-19 GSM 模型搭建体验评估指标

③共创。

共创是通过内部的工作坊或头脑风暴等方式，将初步梳理出来的用户旅程与指标体系进行内部研讨、优化、增删、修改，最终达到内部共识。因为最终体验指标的承担和优化任务，都要落实到具体部门，所以，参加共创的成员及各个协同团队要达成统一的共识，就需要各协同部门理解并认可这些体验指标。

④验证。

进入体验指标确定的最后一个环节，是验证指标的有效性，即在实际的用户体验反馈时，用户是否能够充分理解这些说法，是否存在理解偏差，以及指标是否能够反映想要评估的关键点，这样的验证可以通过用户访问的方式进行。当然也可以通过小样本的信度效度来检验指标的有效性。

（四）梳理体验指标：Sample

以银行的网点服务为例（这里呈现的是一个相对完整的用户全旅程监测，其中包括体验指标）。基于用户旅程下的体验指标，包括了整体满意度（网点服务整体满意度）、二级的每一个旅程阶段的满意度（如等候阶段满意度）、三级的针对具体旅程阶段下的体验评价细项指标（如等候时长可接受、网点有秩序、可以寻求帮助等等），如图3-20所示。

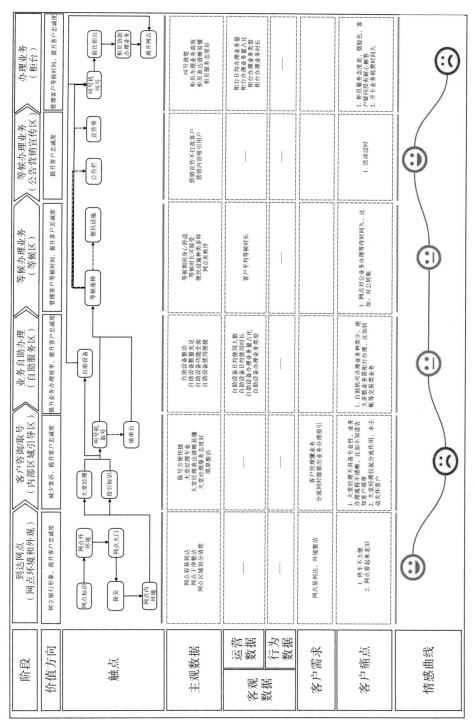

图3-20　梳理体验指标示例

二、搭建监测体系

（一）搭建监测体系：What

搭建用户体验的监测体系是指通过收集用户的反馈和行为数据，建立起一个完整的监测体系，以便企业能够对用户体验进行定量和定性的评估和监测，并据此提出改进方案，以提升用户体验的质量和效果。监测体系一般包括数据收集、数据分析和数据应用三个方面，可以使用多种工具和方法进行实现，如在线调查、用户反馈系统、社交媒体监听、网站分析工具等。通过搭建用户体验的监测体系，企业可以更好地了解用户的需求和反馈，及时发现问题和机会，并做出相应的调整和改进。因此监测体系是感知和监测用户体验的数据闭环，如表 3-1 所示。

表 3-1　用户体验的监测体系

数据种类	指标	检测方法
反馈数据	净推荐值、满意度	触发式问卷
行为数据	中途退出率、完成用时	埋点监测

因为用户体验测量不仅仅来源于单一数据，因此需要构建多源数据的体验监测体系。监测数据既包括体验反馈的数据（如问卷），也包括客观的行为数据（如埋点）；虽然数据来源和形式不同，但都可以反映用户的真实体验，如图 3-21 所示。

图3-21　触发反馈的方式监测用户体验

（二）搭建监测体系：Why

搭建用户体验的监测体系，对企业的帮助和价值体现在以下几个方面。

1. 提高用户满意度和忠诚度：监测体系可以帮助企业了解用户的需求和痛点，及时发现和解决问题，从而提高用户的满意度和忠诚度，增加用户的重复购买和口碑宣传，提高企业的竞争力。

2. 发现问题和机会：监测体系可以帮助企业发现和诊断产品或服务的问题和机会，例如用户投诉、差评、退款等，从而及时调整产品和服务策略，提高企业的效率和业绩。

3. 评估体验工作的效果：监测体系可以帮助企业评估体验优化的效果和用户反馈，了解哪些体验策略能够吸引和留住用户、哪些策略需要进行优化和调整，提高企业的市场响应速度和敏捷度。

总之，建立系统完善的用户体验监测体系是进行用户体验管理的前提，只有客观地了解用户的真实体验，才能更加有针对性地制定体验改善措施。

（三）搭建监测体系：How

第一点：体验监测体系的原则

1. 体验监测体系需要具备及时性、真实性和可行性三个原则。

（1）及时性，是指要做到实时的监测用户的体验反馈，而非传统的周期性反馈，通过即时触发或行为监测的方式，在用户完成某一行为后进行及时的采集。

（2）真实性，是指要获得用户的真实反馈，因此在选择触发时机的时候，就要尽可能地贴近用户的产品或服务使用场景，在用户感受没有被遗忘之前进行采集。

（3）可行性，是指采集方案要具有可回收性，可以获得较高的曝光、点击、反馈，提高反馈率。

2. 搭建监测体系具体流程，可以参考以下几个步骤。

（1）基于用户旅程和体验指标，确定监测指标，参见梳理指标体系章节。

（2）选择监测工具：选择合适的监测工具，可以包括在线调查、用户反馈系统、社交媒体聆听、行为分析工具等。根据不同的指标，选择相应的监测工具。

（3）设计监测方案：根据选择的监测工具和指标，设计监测方案，包括监测周期、样本规模、问卷设计等。监测方案要考虑到用户的特点、行为习惯和使用场景，确保监测数据的准确性和可靠性。

（4）收集监测数据（感知）：通过监测工具收集多源的用户体验数据，包括但不局限于问卷反馈数据、内部投诉数据、社交聆听数据、行为监测数据等。

（5）整合并分析数据：通过分析工具将收集到的体验数据进行整合分析，必要时结合企业内部私域的运营数据和经营数据，建立体验数据与经营结果之间的关联。

（6）提出体验改进方案：根据监测数据和分析结果，提出改进方案，包括用户服务流程优化、产品设计改进、营销策略调整等。改进方案要针对具体问题和指标进行，以提升用户体验的质量和效果。

（7）执行改进方案并评估效果：根据改进方案，实施相应的改进措施，并持续监测和评估效果。改进措施要与用户体验的指标和目标相一致，并考虑到实际操作的可行性和成本效益。

3. 监测体系高效能的运转通常需要借助体验管理数据平台，实现数据自动化收集、智能分析和结果评估。体验数据平台是一种软件解决方案，旨在帮助企业管理和改善用户体验。

第二点：体验管理数据平台的模式

体验管理数据平台通常有：SaaS 模式、采购成熟产品并私有化部署和企业自研三种常用模式。

1. SaaS（软件即服务）模式是将用户体验管理软件作为云服务提供给用户使用的模式。在 SaaS 模式下，企业不需要自己搭建和维护服务器和基础设施，而是通过订阅服务的方式使用云端的用户体验管理平台。

SaaS 模式的建设主要考虑以下几个方面。

（1）选择合适的 SaaS 供应商：评估各个供应商的功能、性能、安全性、可靠性和价格等因素，选择最适合企业需求的供应商。

（2）配置和定制化：根据企业的具体需求，对 SaaS 平台进行配置和定制化，包括数据字段设置、用户权限管理、界面风格等。

（3）数据迁移和集成：将企业现有的用户数据迁移到 SaaS 平台，并确保与其他系统的集成，如 CRM 系统、电子邮件服务等。

（4）培训和使用：为员工提供培训，使其熟悉 SaaS 平台的使用方法和功能，以便能够充分利用平台进行用户体验管理。

（5）监测和支持：定期监测 SaaS 平台的性能和数据安全，及时解决出现的问题，并与供应商保持良好的沟通和支持。

2. 私有化部署模式是将用户体验管理软件部署在企业自己的服务器和基础设施上，由企业自己负责管理和维护的模式。

私有化模式的建设主要考虑以下几个方面。

（1）选购用户体验管理软件：选择符合企业需求的用户体验管理软件，并与软件供应商进行合作。

（2）硬件和网络准备：购买和设置服务器、存储设备和网络设备等必要的硬件和网络基础设施，确保满足软件运行的要求。

（3）软件部署和配置：根据软件供应商的指导，将用户体验管理软件部署到企业的服务器上，并进行相应的配置和设置。

（4）数据迁移和集成：将企业现有的用户数据迁移到私有化部署的用户体验管理平台，并确保与其他系统的集成。

（5）安全和备份策略：制定安全策略和备份策略，保护用户数据的安全性和可靠性，并定期进行安全检查和备份恢复测试。

（6）监测和维护：定期监测用户体验管理平台的性能和稳定性，及时进行系统更新和补丁安装，确保平台的正常运行。

（7）扩展和升级：根据业务需求的增长和变化，对私有化部署的用户体验管理平台进行扩展和升级，以满足企业的需求。

3. 企业自研模式是最为复杂的模式，由于市场中已经有很多成熟的体验管理平台，自研投入的成本较大，除非企业有强大的研发团队，否则并不推荐采用自研的模式。自研用户体验管理平台需要企业具备相关的技术实力和资源，并需要投入较大的时间和成本。同时，建设过程中要考虑到平台的可扩展性、安全性和用户体验，以及后续的维护和升级工作。

无论选择何种模式，都需要考虑以下关键要素。

（1）安全性和隐私保护：确保用户数据的安全和隐私保护措施得以落实，包括数据加密、访问控制、备份和灾备等方面的安全措施。

（2）数据集成和流程整合：确保用户体验管理平台与其他关键系统和流程的无缝集成，例如 CRM 系统、销售系统、用户支持系统等。

（3）数据分析和洞察能力：用户体验管理平台应具备强大的数据分析和洞察能力，能够从大量的数据中提取有价值的信息和洞察，以指导决策和改进策略。

（4）可伸缩性和灵活性：平台应具备良好的可伸缩性和灵活性，能够适应业务的扩展和变化，以及不断增长的用户量和数据量。

（四）搭建监测体系：Sample

示例一 银行网点的体验

以银行网点的体验监测为例，探讨如何搭建银行网点的体验监测体系。

1. 基于用户旅程和体验指标，确定监测方案。

基于管理银行网点体验的需求，以及用户旅程和体验指标，确定以下重点监测内容。

主观指标：用户网点整体满意度，用户对网点环境、等候环节、自助设备、业务办理各个环节的满意度，以及更为细项的满意度评价（三级指标）。

客观指标：用户的业务办理等候时长、自助设备的业务办理完成率、柜台业务办理量及时长。

2. 选择监测工具＋设计监测方案。

基于网点监测方案的需求，在工具的选择上，需要选择客户反馈系统的帮助，即在客户完成网点业务办理后，由业务系统进行识别判断，并将办完信号发送给客户反馈系统，再由客户反馈系统在一定时间内，通过短信触发的方式，将体验反馈问卷投放给客户。

同时，对于客观的业务办理指标，需要借助叫号机、业务办理系统、自助设备后台系统的数据，可以提出相应的数据需求，从相应系统中获取数据，并回传到体验数据平台。

关于监测工具的选择，必须要适应业务场景。刚刚举例的是一个典型的线下场景，行为数据的监测难度要高于线上场景，体验数据的收集也有一定的时间差，但只要能够结合场景，考虑场景下的适应性，选择适合的监测工具，通常都可以设计出较为可行的体验监测方案。

3. 收集监测数据＋数据分析。

监测数据的收集是全天候、不间断的，通过监测工具的配置与内部系统的对接，实现基于业务场景的触发式数据收集。数据实时回传体验监测分析平台，进行实时化的体验分析与体验预警。

4. 提出体验改进方案并评估改进效果。

基于数据提出体验改进方案，并制定对应的部门、团队、成员负责推动改进事项落实。更为关键的是，改进后，要持续跟踪体验数据与业务数据的变化，以评估改进的效果。如果体验数据和业务数据有提升，则说明体验优化工作有效，如数据变化不明显则需要继续之前的体验监测闭环，继续寻找体验优化点，进行持续性的优化动作。

示例二："数字 100 体验宝"

以数字 100 公司的"数字 100 体验宝"为例，基于数字体验管理平台，建设完善的监测体系，如图 3-22 所示。

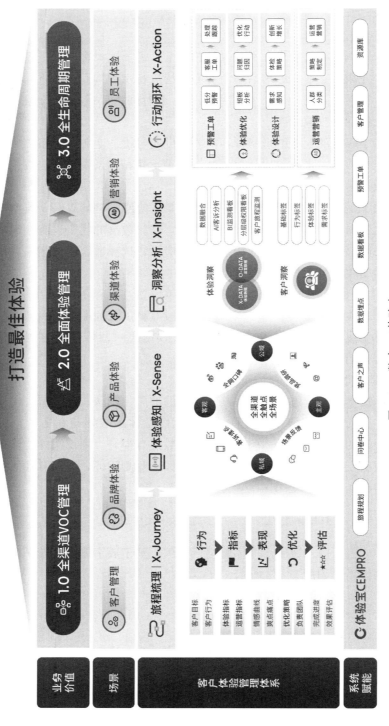

图3-22 数字100体验宝

1. 用户旅程规划。

（1）旅程创建：创建旅程的不同阶段及旅程中的用户目标、行为、触达方式、需求、指标、痛点等关键元素，如图 3-23 所示。

图 3-23　数字 100 旅程创建页面示例

（2）指标配置：旅程阶段中的指标可配置，通过接口接入指标，如图 3-24 所示。

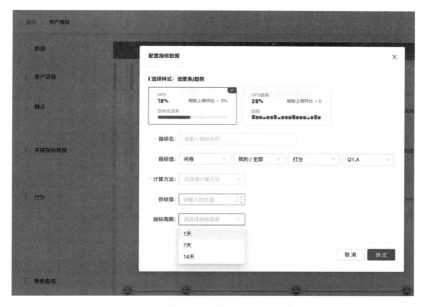

图 3-24　数字 100 指标配置页面示例

123

（3）跟踪全旅程用户体验：通过体验情绪曲线或指标数据的方式，实时动态地了解用户体验水平，如图 3-25 所示。

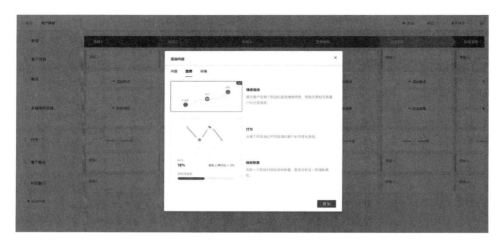

图 3-25　数字 100 全旅程用户体验分析页面示例

2. 体验感知。

（1）问卷反馈：有较为强大的问卷编辑器，题型丰富，逻辑功能强大，如图 3-26 所示。

图 3-26　数字 100 问卷反馈页面示例

（2）多渠道触发投放：可以对接企业内部的多个触点，触发式投放收集用户体验反馈，如图 3-27 所示。

图 3－27　数字 100 多渠道投放页面

（3）接入多体验数据源：除主观反馈数据外，可以采集或接入用户的行为和运营数据，多视角分析用户体验，如图 3－28 所示。

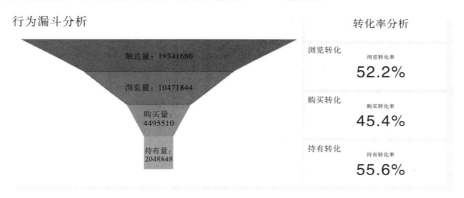

图 3－28　数字 100 体验数据源页面示例

（4）用户互动能力：建立品牌的用户体验官群体，通过线上化社区，与用户进行体验分析的深度互动调研，如图 3－29、图 3－30 所示。

（1）首页　　　　　　　　（2）小课堂专栏

（3）活动及奖励　　　　　　（4）个人中心及等级

图 3－29　数字 100 用户互动页面示例

图 3－30　数字 100 用户互动页面示例

3. 洞察分析能力。

（1）在线分析工具：拥有 BI 分析工具，对多数据源数据进行在线的可视化分析，如图 3-31 所示。

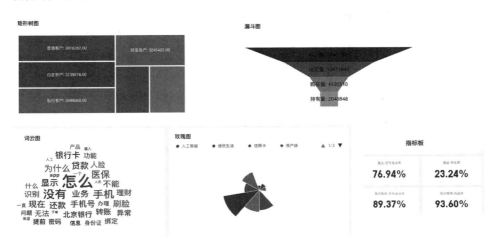

图 3-31　数字 100 在线分析工具页面示例

（2）非结构化数据处理分析：拥有 NLP 技术，对文本等非结构化数据进行分词、打标、统计、分析，如图 3-32 所示。

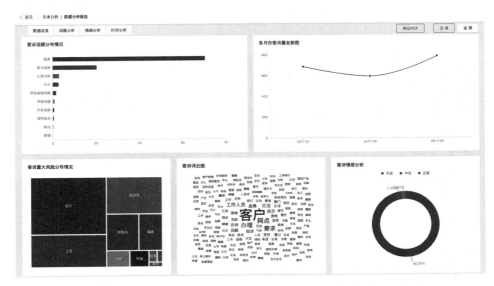

图 3-32　数字 100 非结构化数据处理分析页面示例

（3）体验分析模型：最好可以内置常用的体验分析模型，如 IPA 分析、

NPS 分析等。

4. 行动管理。

（1）预警与工单管理：可以灵活配置低分预警规则，针对组织架构下不同人员进行分级预警，并根据必要性进行体验工单下发，如图 3-33 所示。

图 3-33　数字 100 预警与工单管理页面示例

（2）体验任务管理：基于体验短板，生成体验整改任务，并跟踪任务完成情况，如图 3-34 所示。

图 3-34　数字 100 体验任务管理页面示例

（3）体验行动效果评估：跟踪体验任务的达成和达成后对体验及业务的提升拉动效果，如图 3−35 所示。

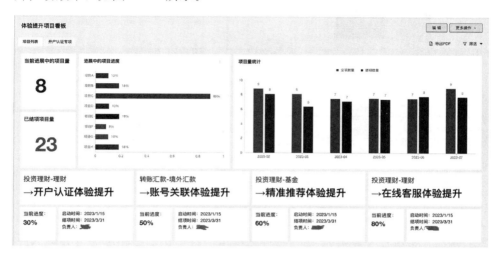

图 3−35　数字 100 体验行动效果评估页面示例

第四节　应用体验管理数据

应用体验管理数据是根据实际需要让用户体验数据产生价值。

一、体验数据应用：What

体验数据，是指用户在体验产品或服务过程中或之后，所产生的主观感受态度及客观行为方面的数据。通常是通过用户与产品或服务的交互来收集，例如通过调查、网站表格、一线员工和许多其他用户反馈渠道来获取，如图 3−36 所示。

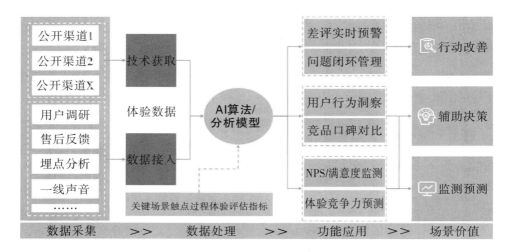

图 3-36　体验数据应用模型

例如，某科技企业引入 NPS 管理体系后，每半年会委托第三方开展 NPS 调研，结果作为各业务部门的考核指标。但是由于传统调研的成本较高，周期较长，过程中缺乏有效的抓手。该企业体验管理部门打通用户反馈渠道并线上化监测，自动获取用户体验数据，包括用户线上调研、反馈原声、行为埋点数据等。由语义识别算法依据分类模型进行分析，分发关键问题至归属责任部门，持续快速发现和解决用户问题。同时在产品开发过程中，将体验评估指标数据对接，通过体验模型计算出各阶段体验水平，来衡量产品体验是否达标，是否可以释放，提前管控体验目标达成。

将体验管理业务机制线上化、数字化，可极大地提高体验数据的梳理效率，建立丰富的从过程到结果的数据指标体系，很大程度上节省传统用户数据获取方式所耗费的人力物力。

企业开展商业活动中，各个业务环节的绩效数据，一般称为运营数据，英文是 Operational Data，简称 O-data。该数据也与用户紧密相关，是从业务层面体现了用户体验的结果。

相比 O-data，X-data 可以解读出有关用户的信念、情感和想法，即可以揭示业务绩效数据背后的"原因"，具体如下。

1. O-data 可能会显示用户正在以创纪录的水平退回一件新发布的冬装。X-data 可以解释用户认为它不够暖和。

2. O-data 可能会显示电子商务网站上需要放弃购物车。X-data 可以解释用户对结账过程中的某个步骤感到沮丧。

3. O-data 可能会显示某个新员工无法像其他人那样关闭尽可能多的工单。X-data 可以解释用户认为他在支持电话中说得太多。

二、体验数据应用：Why

体验数据的应用，有下面几个优点。

1. 充分利用数据：数字化有助于打破部门孤岛，以便更容易地统计和分析数据。

2. 节约成本：云技术的使用可以降低 IT 成本，这只是成本节约的一小部分。新技术可以提供有价值的数据显示哪里可以提高效率，并帮助企业优化广泛的业务流程。

3. 简化工作流程：现代数字技术可以帮助简化工作流程，改变企业开展业务的方式，减少员工在此过程中的工作量和费用。

4. 创建以用户为中心的企业运作模式：数字化有利于提供关于用户的数据，使企业能够改善用户体验。在合适的时间通过合适的渠道向用户发送信息，提供个性化的产品网站，到数字转型使企业能够给用户带来更加丰富且无痕的体验。

5. 更有吸引力的产品和服务：数字化企业利用数据了解用户需求，不仅可以使企业提供给用户体验更佳的产品和服务，还可以帮助产品制造商和零售商提前预测并选择库存。

6. 准确的市场细分：数字化转型带来的技术使企业能够获得更多关于用户的信息，从而帮助企业发现以前从未意识到的新的细分市场机会。

7. 更加敏捷和创新的业务：数字化转型提供的现代技术比传统 IT 系统更快更强大，使团队能够更好地合作，使企业能够快速响应市场变化。它还可加快新产品、服务和战略的开发和发布。

此外，体验数据能为产品设计、功能优先级排序、营销策略等提供信息。通过查看体验数据，机构可以改善用户体验并创造更优质的产品和服务。从分析的角度查看体验数据，企业可以获得对用户行为和预参考有价值的洞察，这些可用于为产品和服务决策提供信息。

三、体验数据应用：How

体验数据的应用很复杂，但方法论很简单，它是指引企业在繁杂琐碎事务中不至于迷失的明灯。体验管理的本质，是听到用户声音、定义明确用户问题、设计实施改善举措、评价改善举措成效的循环。

体验管理体系的本质有以下几个方面。

1. 听到用户声音：根据约翰·古德曼的研究结论，只有不到 5% 的用户，会在遇到问题后直接告知企业，但每 5 个遇到问题的用户便会很快流失 1 个。拓展用户声音的渠道是源头。调研、客诉这些传统的渠道是有效的输入，体验运营模式也会给企业带来新的启发。最后企业需要梳理能够触达到用户的渠道有哪些，哪些已经线上化了，哪些还没有，如何线上化，将声音不遗漏地收集管理起来。

2. 定义用户问题：用户反馈的问题，往往需要更深层的剖析。可以借助根因分析、问题树等工具，或是建立起正向积极的应对用户问题的机制。如有一套标准的复测、重现用户的场景、问题流程方法。

3. 设计实施改善举措：基于定义的问题，明确接触过程，了解用户在该触点上的预期和实际体验。从用户接触点剖析内部运作，明确责任组织，安排专业团队设计解决方案。同时有意识地考虑解决方案中是否有机会落地令用户产生惊喜的体验亮点，并且要逐步将作业程序 SOP 标准化、测量流程标准化以及 IT 化。

4. 改善举措成效评价：评价实施问题解决的举措后取得的效果，检验体验是否得到提升，也需要用数据呈现。衡量指标很多，选择适合自身的评价指标，如可以选择客诉率、满意度，也可以选择 NPS。评价指标也需要经过设计，能够分解到具体用户发生问题的环节、触点，避免只有一个总体指标无法公平衡量。

如果体验管理没有清晰的业务设计，单纯数字化则是失去航向系统的船只，再强悍的动力也到不了彼岸。没有数字化的体验管理则是缺少动力的船舶，方向虽好，可是太慢了，依然难以到达彼岸。

体验管理体系流程建立起来，需要保证流程体系有效运转，达到"诸神归位"的效果。没有 IT 支撑流程落地会导致人的主观影响因素较多，执行效果易打折扣。比如，当用户声音渠道越来越丰富，反馈数据也将是海量，人工分析已然是不可能完成的任务。解决的方式是将用户反馈数据数字化，通过新技术如 AI 语义识别，将反馈实时过滤分类并对应到线上的体验地图中，显示用户触点的体验状态。超过阈值自动发起任务至责任组织进行诊断改善。在线跟踪改善任务和项目进展，主动触发满意度/NPS 等调研，实时评价改善效果。

企业内部产品或服务的研发阶段，是体验管理中不可或缺的环节，这个阶段也要不断感知用户体验偏差，驱动内部标准的完善并数字化，提前预测管理，保证企业的体验竞争力真正能够被"设计"出来。

体验管理及数字化转型是一项巨大的工程，对于体验管理领导者，在缺少资源的情况下，可行的方式不如从实施 MVP（最小可实行计划）着手，逐渐提供丰富的组织赋能，最终实现回归源头的系统性长期性建设，逐步形成完整的体系构建。

分析体验数据需要对用户的行为和偏好有一个全面的了解。要做到这一点，企业必须从各种来源收集和存储数据，包括用户调查、用户评论、网站活动、用户反馈和用户互动。有了这些数据，企业可以创建详细的用户档案，分析用户行为，以更好地了解用户的愿望和需求。体验数据的应用，可以有很多的分析视角与模型，以下分析视角可供参考。

1. Standard 现状分析，是用户体验分析的基础模块，是分析 NPS 表现现状、位置的描述性分析，它可以包括以下几个方面。

（1）自身的用户体验表现现状。

（2）与竞品用户体验的对比位置情况。

（3）自身二级、三级指标的表现现状和竞标位置。

2. Structure 结构分析，是用户体验的构成分析模块。NPS 是一个最终值，它是由推荐者与批评者各自的比例决定的，同样的 NPS 值，可能呈现出不同的人群构成，不同的人群构成，可以对同样的 NPS 表现给出不同的特征定义，面对不同的构成应对策略不同，具体如下。

（1）强推荐型：找到优势，突出优势，利用好推荐者的口碑效应，促进裂变。

（2）强贬损型：分析贬损原因，尽快提升优化体验，改善糟糕的用户结构。

（3）两极分化型：厘清策略，是强化优势，还是弥补短板，没有对错之分，选择一条最适合自己的路。

（4）中庸型：没亮点也不出错，缺乏竞争力，需要找到差异化的激励性体验点。

（5）均衡型：两手抓，两手都要硬，既要找到体验优势，也要改进体验短板。

3. Trend 趋势分析，是用户体验分析中负责跟踪对比的模块，是分析 NPS 表现变化、趋势、走势的时序性分析，它可以包括以下几个方面。

（1）自身用户体验变化趋势。

（2）竞品用户体验变化趋势比较。

（3）更细化的二级、三级指标的变化趋势。

4. Persona 用户标签与画像分析，是对 NPS 几类人群进行深度的用户画像和特征识别的模块。通过用户画像的深度分析，从"人"的角度去理解其满意或不满原因，去理解用户需求的本质，它可以包括以下几个方面。

（1）基础的对推荐者、中立者、贬损者的画像分析。

（2）对一些典型人群的画像分析，如投诉人群、对价格存在明显不满的人群等。

5. Explore 短板挖掘分析，是一种多视角的短板探索分析方法，简单来说就是采用剥洋葱的方法，一层一层地锁定影响整体体验的关键问题点和关键地区、关键人群。它与统计分析中的 CHAID 模型类似，可以通过统计学检验的显著性，来判断结论是否可靠和成立。

6. Quickwin 速赢或关键影响因素分析，是要让那些重要且薄弱的环节优先得到改进。通过相关、回归、结构方程等算法得到体验指标的相对重要性，再结合用户的体验反馈，来决定优先级，在时间、资源优先的情况下，找到能够帮助企业速赢的改进动作。

7. VOC Analyze 归因分析。如果在体验反馈收集过程中，有定性的、文本或语音的数据。通过把相应的文本数据进行挖掘分析，了解用户具体的不满意点。VOC（用户之声）的数据不仅可以使用 NLP 等技术进行量化的分析，同时也是非常好的定性素材，价值不亚于访谈。

8. Link 关联分析，是将体验指标与企业的运营和经营指标建立关联的方法，毕竟提升体验不是目的，终极目的是提升企业的经营绩效。因此，用户体验和用户体验数据的终极价值，在于建立与企业经营的关系，要回答以下几个问题。

（1）用户体验对企业的哪些运营指标提升会产生帮助，产生多大帮助。

（2）不同的体验维度，哪些对于促进经营结果作用最大。

（3）什么体验可以促进什么运营指标（比如做好哪些体验，可以促进用户活跃）。

四、体验数据应用：Sample

以某研究院研发的基于毫米波雷达的智能健康守护系统为例。该智能健康系统通过毫米波雷达、数据中心和手机端应用程序，将居家老人、子女亲属以及社区/养老中心等多方力量联合在一起，构建出居家或社区环境下的老年人常态化看护新方案，努力打造并完善可以让老人舒心、子女放心、机构省心的智慧养老模式。该智能健康系统可以提供运动轨迹显示、活动强度统计、无接触体征探测、跌倒异常告警等功能，为老人的常态化看护提供了一套安全舒适的解决方案。

毫米波是指波长在毫米量级的电磁波，工作在该频段的雷达更容易实现探测高分辨与设备小型化，毫米波雷达也逐渐在我们的家庭中发挥起安全监测、健康监护与手势交互等作用。相关调查显示，跌倒已经成为老年人意外伤亡的首要原因。然而在卫生间这一跌倒的高风险区域，传统的摄像头等传感器并不适合布设。而毫米波雷达的出现正解决了这一问题，它可以通过判断人体高度变化和识别姿态来感知老人跌倒并及时告警，为实施救助争取时间。如果在各个房间内都安装一部雷达并形成联合系统，就可以进一步在不干扰正常生活的条件下分析老人的生活习惯，从而为老人提供更加全面的安全守护和更加准确的健康分析。

作为守护系统的核心，毫米波雷达发挥着主动感知与异常识别的功能。在老年人不具备主动对外联系能力（如跌倒后无法起身、睡眠中突发疾病等）的情况下，它可以发挥巨大的作用。同时，相对于摄像头，毫米波雷达仅感知人体的几个位置点，在卧室、卫生间等环境下更具隐私保障性；而相对于手环、智能手表等穿戴设备，它的非接触特性具有更舒适的感受，因而也更适合常态化看护需求。例如在卧室场景下，毫米波雷达可以感知老人每半小时内的活动量，进而估算出起床时间、睡眠时间、起夜次数等信息；通过精细化智能处理，还能获取睡眠状态下的呼吸、心跳频率，当发生异常时（如长时间没有活动、呼吸骤停、夜晚长时间离床等），及时向子女或养老中心电话告警，提醒采取确认和帮助措施。

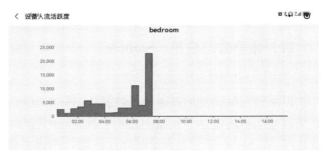

图3-37　体验数据的可视化呈现

作为守护系统的大脑，数据中心发挥着数据存储与分析的功能。各个房间内的毫米波雷达将感知获得的各类信息通过家庭无线网络传输到数据中心，一方面为老人的长期健康分析提供数据积累，另一方面也为社区或养老中心的服务提供可视化展示与信息化管理平台。在居家场景下，数据中心主要对长期积累的原始数据进行智能化分析，例如统计一个月内老人睡眠时长、起夜次数的变化，呼吸、心跳频率的长期特征等，进而对老人睡眠质量、生活习惯进行分析，联合医疗机构进行睡眠、呼吸、心源性疾病等初步筛查，对老年人的生活习惯改善提供建议，或在必要时提醒进行进一步专业检查。而在社区、机构养老条件下，数据中心还可以联动各类生活服务。通过接入电话、按钮等主动联系途径，将老人生活场景中的各类需求（如跌倒、坠床等异常告警，洗衣、理发、吃药等日常服务）导入统一管理平台，为老人康养形成主（雷达）被（电话、按钮等）动联合的守护环境，同时也为社区、机构服务人员减轻照护负担。

作为守护系统的信息接收与展示终端，手机应用程序是老人和子女对健康信息进行分享与交流的载体。通过连接家庭网络，用户将手机应用小程序与毫米波雷达绑定，即可实时观察到老人活动量、活动轨迹等信息。当老人发生意外时，小程序将主动联系预留的电话，提醒子女亲属进行确认或实施帮助。同时，在老人允许的情况下，还可以将小程序分享给合适亲友，形成虚拟的陪伴场景。

再以某数智化主动健康服务为例。该案例基于中西医医学原理为用户提供了一系列的数智化主动健康服务工具、平台和管理体系，从电子健康记录到远程健康管理和用户体验改进。与这些服务相关的数据类型可能因服务类型和提供商的不同而有很大差异。一些数字健康服务可能包含患者记录、临床数据和提供者信息的数据，而其他数字健康服务可能包含侧重于患者体验和满意度的数据。此外，包括患者生成的数据，例如活动水平、生命体征和生活方式数据。在全生命周期、多维度地开展健康促进的理念指引下，从多维度、多个节点收集数字健康体验数据，以便全面了解用户体验，并根据该体验结果指导健康服务提供方开展生活方式医学干预等。通过分析这些数据，健康服务提供方可以深入了解患者体验并定制相应服务以满足客户个人的健康需求。这类数字健康相关的体验数据可以成为医院或其他健康服务提供方获得对患者/用户行为和偏好的宝贵洞察力的强大工具。通过从分析的角度看待此类体验数据，医院或其他健康服务提供方可以做出明智的决定，从而提高患者/用户满意度并促进其健康水平。实践证明，利用数字化、智能化主动健康管理的体验数据，有助于为患者/用户和健康服务提供方创造更多个性化、安全、有效和经济的服务项目，更有助于促进患者/用户的健康水平。

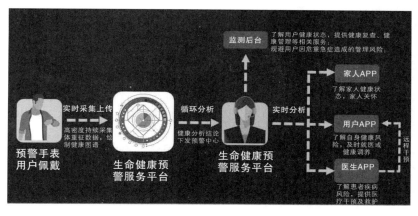

图 3-38　主动健康监测与智慧管理解决方案示意图

数字健康服务通过互联网、移动设备和人工智能等数字技术为用户提供健康服务的机会。体验管理是成功开展数字健康服务的一个重要部分。体验管理提供了监测、衡量和调整数字健康服务的用户体验的能力，以确保用户获得高质量的促进健康的数据结果。它还有助于随着时间的推移改善数字健康服务的用户体验，使用户体验得到持续改善。体验管理对于数字健康服务发挥其全部潜力并为患者提供最佳照理至关重要。健康数据的实时监测，如图 3-39 所示。

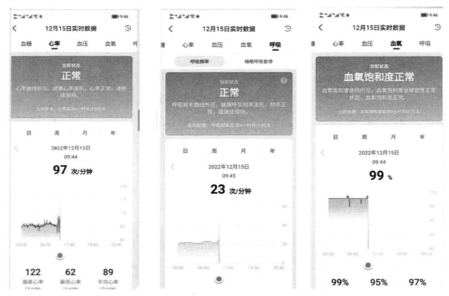

图 3-39　体验数据应用

第四章　战略文化层体验管理能力

本章介绍体验管理知识体系的战略文化层所需要掌握的知识点。围绕"高层管理者如何以用户为中心制定战略"来开展体验战略的谋划、体验组织的进化、体验管理的成熟等知识点的研修学习，使得体验驱动型组织得以从企业战略和文化层面去构建。

企业高层管理者学习战略文化层体验管理知识点，将会提升高管团队在用户体验方面的意识和管理能力。体验驱动产品和服务创新需要有良好的企业文化土壤，如何帮助高管团队站在用户体验的视角去推动组织进化和管理变革是本章节期望回答的现实问题。

第一节　战略文化层体验管理模型

战略文化层体验管理能力可以分为体验战略的谋划、体验组织的进化和体验管理的成熟三个大模块。这三个模块是相互联动的闭环关系，如图 4-1 所示。

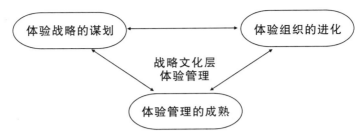

图 4—1　战略文化层体验管理

战略文化层体验管理是指企业确定其使命，根据组织外部环境和内部条件设定企业的体验战略目标，为保证目标的正确落实和实现进行谋划，并依靠企业将这种谋划和决策付诸实施，以及在实施过程中进行控制的一个动态管理过程。

战略文化层体验管理知识点在项目执行层和系统管理层的基础上，更加重视对内外部环境、组织文化与组织愿景的研究，重视战略的谋划实施，以及对战略的评价、长期演进。

第二节　体验战略的谋划

"用户体验"大约在 2012 年进入中国大众视野，这个时期中国对用户体验的理解主要体现在数字产品的界面设计上，用户体验设计概念涌现并流行。时至今日，用户体验设计被越来越少地提及。人们发现打造用户体验不能仅仅通过设计，它只是商业成功中很小的因素。人们需要更广阔整体的视角审视，解决体验经济中的复杂问题。用户体验名词的出现和普及，昭示对体验的认知、意识悄然转变。

相对于过去用户体验关注于单个产品或触点的设计，用户体验更强调端到端全流程，一系列企业与用户触点和交互的体验，以及组织内部如何完善运营模式。但实际上用户体验并不仅是单点，唐纳德·诺曼提出的用户体验概念，在各行业实践过程中，商业模式和企业内部遇到困难阻力的差异，逐步产生了狭义用户体验的固有认知。今天人们所讲的已经是广义的用户体验，与用户体验并没有本质的不同。

由于长久形成的分工惯性，即便企业将体验看得多么重要，体验部门仍然不可避免地滑向企业内部制造孤岛的陷阱。而用户体验是要与组织内的其余部门集成，体验团队以确认正确方向和策略为目标，建立自身能力的同时要构建跨团队参与的共建运作模式。

因此，用户体验需要上升到企业战略层面，通过更高更全局的视野，自上而下制定战略方向、策略，分解与执行，同收入、利润、成本等共同组成经营战略，相辅相成，在不断的动态平衡中有序发展。

一、体验战略

（一）体验战略：What

在过去传统的工业制造时代、商品经济时代，"天道酬勤"往往是企业生存发展的要素。但是在体验经济时代，要加上一个前置条件："做出正确的选择，然后酬勤才有意义。"所谓正确的选择，就是战略。

战略对于企业经营意义重大，每一种选择都是一种"战略"，选对"一马平川"，选错全盘皆输。所以战略管理也是对企业"使命，愿景，价值观"的重新塑造。

体验是用户与企业关系的纽带，是用户对企业品牌感知形成的途径。体验战略，是以体验驱动视角进行的战略规划，也可以理解为企业战略层的 UCD（以用户为中心的设计）。

体验战略重点解决两个问题。

1. 全面理解企业所服务的用户，识别和持续优化用户与企业全流程接触的体验旅程，以此构建体验服务蓝图，为用户解决问题，创造惊喜。

2. 打破用户体验价值无法衡量的困境，围绕体验愿景目标和体验蓝图，建立业务指标与体验管理的关联体系，形成商业价值的闭环。

体验战略不是孤立的战略，是企业经营战略的重要组成部分，同样面临"选择"，持续的体验战略洞察是保证"选对路"的必要输入。

（二）体验战略：Why

外部宏观环境、市场行业、用户、竞争以及自身的发展并不是一成不变的。因此管理者需要把握好行业趋势，制定相应适合的战略（涵盖收入、利润、成本、用户、体验等），进而设计相匹配的产品和服务以更好地提升用户体验。

从全方位的宏观、行业、用户、竞争和自身多个维度，关注分析发生的变化，找到趋势产生启发，这个阶段称之为洞察。在 VUCA（volatility 易变性、uncertainty 不确定性、complexity 复杂性、ambiguity 模糊性）时代，作为体验战略的制定者，必须保持警醒，不断地洞察，拨开复杂不确定且模糊的干扰，挖掘本质指引体验战略规划。

体验战略洞察需要管理者更多关注行业趋势变化，行业趋势变化背后的驱动因素包括以下几个方面。

首先要看宏观趋势，看价值转移的方向，顺势而为。作为体验战略的制定者，主要从政策、社会、市场等变化趋势来持续输入信息、分析信息。比如，"用户体验已连续三年进入国家两会议题""适老化""以提升便利度和改善服务体验为导向""加快数字化发展，建设数字中国"作为独立篇章，一系列政策公布，说明将会对用户体验发展产生驱动作用，经济政策也随之有侧重变化。

关注行业的变化，这里的行业不只包含企业经营范畴涉及的行业，也包含体验管理专业领域。体验管理＋SaaS 得到资本青睐，数字技术将会促进体验管理进入高速发展阶段，企业数字化转型与体验战略密不可分。另外，管理者通过对行业变化的理解，打开视野和格局，跳出固有的思维方式。比如，对行业信息的收集，发现海外用户体验管理近三年，进入发展井喷期；国内外主流市场研究、用户调研专业机构相继转型，从单纯的咨询服务，转向专业服务＋数字平台的组合模式；体验管理资本化标杆已确立，成为 500 强 CEO 必备工程。

以此反映出，体验管理是 CEO 工程，需要体系建设。它不再是狭义的用户体验设计，而是一项系统化工程，需要从感性到理性全面进行体系设计和执行落地，技术的成熟使得体验管理的效率及质量得到飞跃提升。

关注用户行为方式、需求的变化。企业经营归根结底是解决用户的需求，获取对应回报，而需求会受时间发展、外部环境等因素影响，只有保持对用户需求的持续研究，才能抓住根本。企业体验管理，将会从更全面的维度对用户不断发生的变化保持深度理解，并及时调整应对策略。ISO 对用户体验的定义是：用户在使用一个产品或系统之前、使用期间和使用之后的全部感受，包括情感、信仰、喜好、认知印象、生理和心理反应、行为和成就等各个方面；用户遇到问题会通过多种渠道反馈，不仅限于售后，互联网社群发声传播更广泛快速；用户对产品逐渐从基础功能性能体验往易用美观、智能高效形成认知，产生要求。体验管理则在此基础上，综合考虑行业属性，企业现有资源，运用系统的理论和方法，以提高用户整体体验为出发点，充分考虑用户需求的同时，做出合理规划，确保企业商业属性和社会属性的平衡。

竞争情况是必看的方面，洞察阶段看竞争，更加聚焦于竞争态势维度，避免陷入于类似竞品某个功能交互细微的点，而要看竞争厂家在某些领域发展的趋势。比如，从 UCD/UED/UXD 到 CX/CEM 企业内专业组织名称变化反映出，各行头部企业意识到用户体验需要关注全流程全触点体验，需要自上而下管理和流程机制的保障。从早期的单纯 UE/UI 设计转向体验管理体系建设；各行业标杆企业纷纷导入 NPS，构建自身的管理体系并通过外采或自研的方式尝试建立数字化平台；全流程全触点，自上而下流程机制，驱动内部标准设计；NPS 体系得到标杆共识，体验管理数字化平台成为竞争厂家投入重点之一。

从宏观、行业，到用户、竞争，帮助企业知势、知彼。机会点、聚焦点该如何选择？还需要对企业自身情况做深入的分析，即所谓的知己。

以某个企业分析自己当下在体验管理领域的实际情况为案例：尚未构建起统一的，覆盖全品类的体验管理流程标准体系；各品类缺乏高效全面的监测用户反馈/用户行为并闭环管理的数字化系统；当前体验主要矛盾还集中于基础的"快省稳"，甚至基本功能的故障；主动感知用户体验的能力缺失，仍以被动应付为主。

因此，企业选择从差距出发，以 NPS（净推荐值，经业界长期跟踪验证，NPS 指标与企业未来的经营指标具有强相关性）为体验目标牵引，绘制全流程用户体验旅程，明确关键环节触点，分解驱动体验要素，完善内部运营标准，从而构建统一的用户体验管理体系建设并寻求数字化系统支撑。同时，聚焦不同阶段主要矛盾，从基础体验管控开始夯实产品口碑基石。建立主动感知用户的能力，布局体验研究洞察和产品创新方向，分期实现全面体验管理。

（三）体验战略：How

古人言："胜兵先胜而后求战。"体验战略规划需要先根据已有条件，制定能获得成效的方法、步骤、计划等等，然后执行，导向预设的局面，获得最终胜利。战略文化层的体验管理，不仅仅是执行层体验设计、体验测试等环节的实施，在没有推演，没有规划的前提下，不了解业务，盲目照搬过往经验，注定会被孤立。

体验战略规划是基于对外部和内部洞察分析的理解，构筑适合企业自身业务特征、所处行业环境、发展阶段、用户群体等背景下的全景规划，并且能够从愿景目标到策略里程碑路标，逐层清晰脉络。

1. 确定方向，即战略愿景目标是什么。

体验战略作为企业经营战略的一部分，目标也需要与经营有强相关的逻辑。随着 NPS 的流行，越来越多企业会选择 NPS 作为抓手指标。研究标明，NPS 为代表的用户口碑提升，对企业未来经营的提升有必然影响：在零售业，推荐者的花费是贬损者的 3.5 倍，推荐者的复购率是贬损者的 5 倍，推荐者对企业行为的容错度是贬损者的 7 倍，推荐者购买企业新品的可能性是贬损者的近 9 倍。

在这样的大趋势下，体验战略可以选择以 NPS 提升为目标，通过战略 NPS（通常年度或半年执行），定位企业当前体验在竞争中所处的位置，标杆的水平及同业平均水平。结合前期的洞察，提出未来一段时期内，NPS 提升到多少是合适的，经过推演论证，能够实现在体验维度，具备同行业竞争力，预测对未来经营指标的贡献。

2. 制定策略，即如何达成目标。

目标往往是一个数字，或是一句话，那么目标如何达到？仍然以 NPS 为例，NPS 的算法很简单，推荐者占比减去贬损者占比。要提升这个分值，无非就是要增加推荐者，减少贬损者。继续拆解，增加的推荐者从哪里来？最直接的，要从中立者中去转化。怎么转化？创造值得推荐的理由。如何减少贬损者？发现他们的问题，及时解决他们的问题，逐步预防问题的发生。

在企业自身情况基础上，制定策略，把有限的资源用在当前最有效的地方。比如头部的企业，要继续提升口碑，不断地创新引领才能产生效果。对于跟随者或是落后者，可能更要把精力放在守正出奇上，即尽快补齐短板，找到差异化突破点。

于是，同样是提升 NPS 的目标，策略便会产生差异，也应该是有差异的，毕竟每一家企业面临的内外部环境压力不尽相同。

3. 设置里程碑路标。

策略制定后，进一步分解，让策略更容易执行落地，也将目标分步骤实现。

在策略的大原则下，将目标分成数个里程碑阶段目标，配合阶段关键举措，构建体验战略实现路径图。

值得注意的是，虽然当下 NPS 概念流行，但是体验战略背后的本质不是 NPS 指标，而是"以用户为中心"驱动校验体验指标和业务指标的匹配度，完善企业管理体系和内部运营指标。体验战略制定者、企业经营者和从业者需要避免陷入指标所带来的陷阱之中。

4. 规划流程制度及资源调度。

达成体验目标需要在流程制度及资源调度上进行相应的规划，涵盖以下几个方面。

业务流程和制度：体验管理需要有一套完整的业务流程和制度来保证管理的连续性和有效性。基于目标制定相应的业务流程和制度，并不断进行优化和改进，以适应市场的变化和用户的需求。

管理监控和评估机制：体验管理需要有一套完整的管理监控和评估机制来持续监测和评估体验管理的成效。

团队协同与联动：体验管理目标的达成，需要产品开发团队、市场营销团队、客服团队、数据分析团队等对团队的规划调度。

人员素质和技能：体验管理需要有一支具有专业素质和技能的团队来实施和推动。

技术和工具支持：体验管理需要有一些技术和工具来支持和实施。例如 CRM 系统、数据分析工具等，从而提高体验管理的效率和效果。

（四）体验战略：**Sample**

运用 360 度战略洞察工具，对宏观政策、行业、用户、竞争和自己全方面扫描，获取重要的变化信息，洞察形成观点。对观点加以提炼，产生适合企业当前发展现状、聚焦和实践的方向，如图 4-2 所示。

图 4-2　体验战略

如某科技企业，通过体验战略洞察，确定下一阶段的战略规划方向，建立全流程触点的体验监测体系并进行数字化管理；驱动体验管理的内部标准的迭代优化；增强主动感知用户期望的研究洞察能力建设。以此牵引年度甚至未来几年的体验管理战略和举措制定，其方向和措施具体如下：

1. 方向。

基于体验管理平台，全流程触点体验，监测问题闭环。用户体验进入国家战略视野，其便利度、服务体验作为导向数字化转型速度加快，将应用于社会生产生活。用户体验管理是 CEO 工程，需要体验管理＋SaaS 成体系建设。用户对产品体验的要求已不仅限于能用或可用，更加关注使用的前期、中期、后期的用户遇到问题要有多种渠道反馈。

（1）从监测到预测（标准指标体系）。

全流程全触点，自上而下流程机制，驱动内部标准设计 NPS 体系得到标杆共识，其中，CEM 数字化平台成为竞争厂家投入重点之一。

（2）从被动到主动（研究洞察）。统一的用户体验管理体系建设数字化系统支撑，从基础体验管控开始逐步提高，建立主动感知用户的能力，布局用户体验研究洞察指引产品创新方向。

2. 措施。

（1）看宏观，用户体验连续三年进入全国两会提案，"十四五"规划和2035 远景目标纲要中，提出"鼓励定制、体验、智能、时尚消费等新模式业态发展"，将"以提升便利度和改善服务体验为导向""加快数字化发展，建设数字中国"作为独立篇章，将打造数字经济新优势、坚持新发展理念、营造良好数字生态列入"十四五"目标。

（2）看行业，海外用户体验管理近三年，进入发展井喷期。国内外主流市场研究、用户调研专业机构，相继转型，从单纯的咨询服务，转向专业服务＋数字平台的组合模式。体验管理资本化标杆已确立，成为 500 强 CEO 必备工程。

（3）看用户，ISO 定义说明：用户体验，即用户在使用一个产品或系统之前、使用期间和使用之后的全部感受，包括情感、信仰、喜好、认知印象、生理和心理反应、行为和成就等各个方面。用户遇到问题会通过多种渠道反馈，不仅限于售后，网上发声影响较大，用户对产品逐渐从基础体验往易用美观，智能高效形成认知，产生要求。

（4）看竞争，从 UCD/UED/UXD 到 CX/CEM，各行头部企业意识到用户体验需要关注全流程全触点，需要自上而下和流程机制的保障。以 HMOV、SF/DD、中国移动、招商银行、中国平安等为代表的标杆纷纷导入 NPS，构建自身的管理体系并通过外采或自研的方式尝试建立数字化平台。

（5）看自己，尚未构建起统一的，自上而下覆盖全品类的用户体验管理流程标准体系，各品类缺乏高效全面的监测用户反馈/用户行为并闭环管理的数字化系统。当前软件体验主要矛盾还集中在基础的快省稳，甚至基本功能的故障，主动感知用户体验的能力缺失，仍以偏被动感知为主。

二、体验文化

体验管理是系统性工程，在完成体系规划、组织建设后，需要通过概念验证、固化以及深化，来落实企业以用户为中心的文化转型。

（一）体验文化：What

文化指人类群体适应环境而做出的生存反应，经过长期累积而形成的、相对稳定的生存状态。

文化有三个构成要素。

1. 文化的对象是群体。个体谈不上文化，群体才有文化。

2. 文化的基础是环境。谈"文化"一定是基于某个特定的环境，因为不同的环境会有不同的文化。

3. 文化的核心是生存。文化是一群人在特定环境中做出的生存反应，一切都是基于生存，为了生存。

同理体验文化，是企业顺应体验经济时代发展变化而做出的生存反应，它是长期积累形成的。对象是企业组织内面向人的群体，也基于企业自身特定环境，最终目的是企业经营，即生存。

（二）体验文化：**Why**

体验文化建设的重要性需要回到文化的意义，体现在以下几个方向。

1. 文化为群体生存提供稳定性。

宇宙中任何系统都会趋向于稳定，系统才能正常运行。人类社会也是趋向于稳定，而文化是社会稳定器。一个社会群体，之所以能够安稳生存，背后的规定性是文化认同。

2. 文化对群体异动具有束缚限制作用。

文化的属性决定了"文化"在天性上，会对所庇护的人们，在思想与行为上，有强烈的束缚与限制。这种束缚与限制是流淌在血液中，铭刻在骨子里，表现为人们对自身文化的高度认同与自豪。

只有固化形成了体验文化，才能使得体验管理体系得到稳定的落实和演进；只有深入文化层面，才能使得体验管理体系得到升华，实现体验战略的长久愿景及目标。

（三）体验文化：**How**

体验文化建设需要以下四个环节。

1. 规划阶段：体验战略顶层规划，描绘核心用户画像及用户体验地图，定义关键旅程、环节触点和核心驱动要素，在企业内统一共同的体验语言。

2. 概念验证阶段：验证可实施性，树立团队信心；以"Quick win"（速赢）为短期目标，建立解决方案，评估出影响力大且执行难度不高的方案，优先执行，得到管理层以及相关部门的一致认可并落实，追踪体验改善成效，树立团队信心。

3. 固化：将体验管理导入固有流程，体验指标作为运营指标组成部分，对其进行长期追踪和系统规划。将体验指标反映在组织结构中，进行组织结构的调整，如专门设立部门、跨组织改善。

4. 深化：形成管理闭环，持续优化。关注重要用户体验提升点，在责任部门建立重点体验提升项目，延续该体验点持续运作，并证明体验指标与业务成果间的关联性。将体验管理的理念渗透企业内部，定期开展跨部门的体验改善活动，通过长期运作的管理闭环机制，促进形成企业的体验文化。

（四）体验文化：Sample

体验管理战略制定者或者体验管理部门，在企业体验文化的建设中，通常承担关键的角色。以某物流头部企业用户体验文化建设为例，用户体验管理（User Experience Management，UEM）组织。一是用户声音和期望的倾听感知者，持续收集解决用户问题，分析洞察用户预期。二是用户体验改善的建议者、体验指标和创新的设计者，制定企业的体验文化、方法并赋能内部关联组织。三是坚定的体验文化传播者布道者，输出对用户的理解，监督培养业务部门体验思维。四是用户期望的输出者、品牌传播的沟通者，从产品服务触点体验，升华到品牌体验，使得体验战略产生深远的影响，如表 4-1 所示。

表 4-1　体验文化

用户体验文化建议	持续迭代的用户理解与洞察	用户向导的服务设计与管理	一以贯之的体验传递与运营	平衡期望的品牌传达与引导
UEM 角色	用户感知的倾听着用户期望的洞察者	体验优化的建议者体验创新的创造者体验指标的设计者	体验文化的传播者体验运营的监督者	用户期望的输出者品牌传播的沟通者
产出价值	更深入的用户期望洞察	更准确的用户向导服务设计和指标设计	更落地的用户思维贯彻	更贴近用户期望的品牌输出
UEM 行为	收集用户声音挖掘用户需求分析用户期望	输出用户理解制定公司内部用户体验文化制定由用户定义的质量服务指标参与产品设计的全生命周期	输出用户理解根据指标帮助各业务部门落实体验收集业务部门声音对各业务部门进行体验思维培养	输出用户理解对品牌营销相关部门进行体验传播沟通
针对对象	用户　UEM	企业整体及相关部门	产品业务相关部门	品牌营销相关部门
具体方法	用户访谈影子跟随问卷调查焦点小组日志跟踪文化探寻……	UEM 指标体系设计体验规划实施路径共创工作坊渠道定位分析服务设计蓝图产品价值定位体验故事板……	共创工作坊体验指标考核案例培训……	品牌价值工作坊品牌定位用户故事素材收集与撰写……

第三节　体验组织的进化

体验战略的落地需要有组织承接，"以用户为中心"的战略和策略驱动，企业固有的组织设置可能无法适应。长久以来形成的"以自我为中心"的惯性仍然影响深远，根植于企业文化和运作机制。因此，要保障体验战略得到执行，朝着既定目标前行，组织的进化不可或缺。

一、体验组织的建立

（一）体验组织的建立：What

体验组织（以下简称组织）的定义，是保障"企业内推动行之有效的体验管理"的核心角色。这个组织的建立基石，应当落实在专业的体验技术中。同时，这个组织的定位，应当建立在企业内部跨业务部门的横向架构之上，独立运作。

组织建立时，要明确如下体验组织的主要职责。

1. 构建"以用户为中心"，以专业为导向，科学提升体验的管理组织。

2. 结合经营目标，制定体验管理办法，有序组织执行管理办法。

3. 以管理办法为依据，主导分析体验现状，听取用户的反馈，研究用户行为等。

4. 以管理办法为依据，主导体验问题重要性判定和排序，建立优化体验问题的追踪和追责机制，并在业务经营和企业战略方向上有所对齐。

基于体验组织的运作，提升企业产品和服务的体验，提升用户的口碑度和整体品牌的美誉度，为企业市场份额的拓展和业务经营的增长打下坚实的基础。

（二）体验组织的建立：Why

体验组织的建立就是要把用户的体验优化从无序变为有序，并能组织所有相关人员，使用科学统一的方法，配置最合理的资源推动优化，设计符合甚至超越用户预期的体验。

具体组织建立的优势，如图 4-3 所示为某银行企业体验组织架构变化。

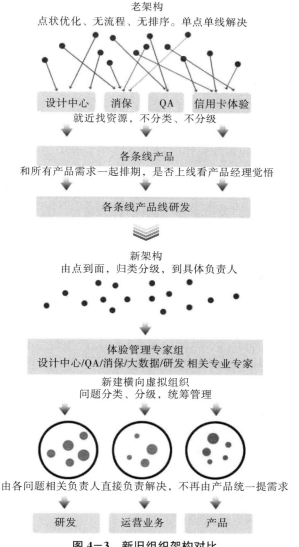

图 4-3　新旧组织架构对比

图 4-3 表明了体验组织的建立对于企业内体验水平监测、追踪和优化的重要作用。

（三）体验组织的建立：How

体验组织是以"专业挂帅"还是以"企业一把手挂帅"，是组织牵头人面临的第一个需要抉择的问题。对于用户体验专业工作来说，不同于新兴的业务项目，通过专业层面的"以理服人"的效果，要远好于以行政级别管理的效果。其次，"专业挂帅"也能更好地建立企业内部"重视用户体验"的文化。以"用户声音"和"用户需求"为导向，形成"体验管理"的制度，不易受到领导变更或领导个人意志的影响。

对于体验组织的发起人，需要从以下四个步骤着手建立企业的体验组织。

1. 定义管辖范围：哪些类型的体验归这个组织管理，通常情况下，可以按照企业业务承载的渠道来划分，如企业的线上渠道或者线下门店。

2. 明确目标和时间规划：体验提升最终的目标，达到什么程度，如一年内在核心体验指标上追平与竞争对手的差距。

3. 通过体验管理方法论，发现与分析体验问题的具体动作：比如通过可用性测试和满意度问卷，管理企业 APP 的用户体验（具体可参见前文用户体验研究评估方法论）。并基于方法论和管理范围，给出体验管理工作的具体内容：1 年开展 2 次 APP 的体验走查和对 50 个业务核心场景进行覆盖可用性测试，同步提出体验管理的人力规划。

4. 对于发现的体验问题，设立有效的追踪和问责机制来执行解决问题的动作：通常可以对用户影响程度进行分类分级，同时针对体验问题解决的时效性，设立追踪机制，明确多少时间内解决什么样严重程度的体验问题。

围绕如上明确管理的两个定义："管理范围""管理目标和时间节点"。两个动作：基于"工作方法论与人力规划"发现问题和基于"追踪与追责机制"解决问题的内容。组织牵头人可以制定相对完整的体验管理办法，和企业决策层确认该方案，特别是时间规划及里程碑事件。基于一定的授权，组建体验管理组织，确保体验管理和企业战略发展方向的一致，也能从一开始，推动体验管理在企业内做到"全线协同"。

体验组织建立在承接企业战略定位下，需要持续构建组织的专业化能力，以保障体验战略能够得以高效执行。

1. 制定组织骨干人才规划：组织的组建会关注需要哪些专业能力的骨干，

并覆盖哪些体验相关领域。体验不是"用户交互操作体验"，推动体验的优化，也不是"体验设计"或是"体验管理"一个部门能完成的工作。仍以管理APP 的体验为例，除了用户研究和设计领域的专家骨干，还需要产品经理、运营经理、信息安全、大数据和前端开发等各领域的专家，有时候，还需要消保及合规人员列席参与组织。对于骨干招募，会面临以下两个问题。其一，如何保证招募到的专家与发起人志同道合？这里推荐内部举荐制度，即组织发起人举荐专家参与组织。同时，结合组织内民主评议制度和企业高层审批制度，增加进入组织的骨干人员归属感和参与荣誉感。其二，如果企业缺少部分人员或人力不足，应该怎么解决？除了内部挖掘，初期也可以从知名的体验咨询机构外聘咨询顾问。咨询顾问擅长专业工作（如开展体验研究），但不擅长业务相关工作（如管理成果落地），应强调和发挥其专业性，而不能是直接委以整个组织的牵头人职责。

2. 以核心骨干为起始，招募组织的参与人员："参与人员"本职岗位角色和任务，与体验管理组织内的角色任务分配，应当形成良好的互动关系。避免参与人员产生"拿一份工资，打两份工"的不良感觉。

3. 建立并完善组织内部培训体系和运作机制：首先是对体验管理办法的充分解读，明确各骨干需要负责的工作。其次，组织内部要进行相互之间的"专业能力的分享培训"，因为骨干成员分属不同领域，骨干成员必须知道其他成员的体验专业内容，整个组织不断加深对体验工作的理解。最后，组织要有定期性的事宜，比如双周组织例会，以共同决策体验管理的事项，规划下一阶段的工作等。"定期"的重要性对于企业内部横向组织的重要性不言而喻，"定期"也是推动来自各领域骨干成员共同参与体验管理工作的基石。

4. 按照体验管理办法，组织在企业内运作体验管理：在企业内运作体验组织，要做到"定期在企业内发声"，让决策层和各业务部门形成习惯，关注体验管理工作。常见的方式方法有建立体验管理专项检视会议制度、以组织名义定期发送跨业务线的体验问题分析报告等。如果企业内有资源，推荐建立体验专项管理系统，把体验分数、体验问题和体验优化进行线上化，把制度落于实处。

同时，在运作组织时，强调组织的重要性，这包括对于体验管理办法和体验问题，要采取组织决策制度，共同应对来自企业内外部可能带来的挑战。也包括在实际工作中，以体验管理组织的名义开展工作，骨干成员跳出自己的业务线，在处理体验问题和制定体验优化方案时，站在全局的维度，提出建议和制定规范内容，而不具体到业务细节。

对于组织的牵头人，在体验问题追踪与追责的基础上，考虑企业内追求优质体验的文化建设。通常的做法是优秀体验案例宣传，如以体验专题形式进行公开报道。增强体验组织的身份荣誉感，如邀请企业领导层签发体验组织专家任命书等。倡导"他山之石可以攻玉"，如邀约外部体验专家举办讲座，落地企业内体验文化的建设。

体验团队与体验管理办法的升级。随着企业战略方向调整和业务发展重点变化，不可避免地要考虑升级优化工作。

体验管理办法升级主要包括人员的升级、管理办法的升级和组织运作成果的升级三个方面。

（1）组织人员的优化，体现在体验专业能力的提升。通过外部交流培训，或是选取体验研究的专业项目，以"产学研"结合的思路，以项目驱动组织内人员的专业能力提升。

（2）体验管理办法完善，从升级体验管理方式开始，比如从专家评分为主到用户测试结果为主；也可以从单一的体验评估方式，到纳入多维度的主客观评估方式；还可以从扩展管理范围着手，常见需要管理的体验有线上体验、服务体验、营销活动体验、权益体验、广告内容体验和企业内部工具体验等，逐步拓展管理范围。

（3）组织运作成果的升级，除了持续提升企业用户体验，并得到企业内的认可外，还需要逐步打造所在企业成为行业内用户体验的标杆形象，为企业品牌赋能。如选取企业体验管理成果和优秀体验案例参评国内外体验奖项；以体验组织的名义，主导企业参与国家重点关注和推广的体验优化工程，如无障碍适老化专项改造行动，得到国家级的优秀体验背书和官方媒体渠道的推广。

基于统一的目标、完整的管理办法、有担当的团队成员和有效的内外工作机制所构成的体验组织，才能保持长期的运作，支撑行之有效的体验管理，使得团队真正意义上成为企业内部的体验管理组织。

（四）体验组织的建立：**Sample**

以某银行用户体验组织为例：某银行用户体验专家组，历时 2 年，在传统金融企业中，打开局面，从无到有，积极运作，逐步优化了企业内万余条用户体验问题，在银行内部，形成了"重视用户体验"的企业文化。

该银行体验组织的发起人，在组织建立之初，制定了一套管理办法与"三个三"的管理追责原则；并且以红头文件的形式，在企业内正式颁布。该管理办法的核心内容包括以下几个方面。

1. 明确组织建立的原则。
2. 明确组织管理的范围和权限。
3. 体验问题的分类和定级。
4. 体验管理工作的程序及机制。
5. 奖惩罚则等相关内容。

基于管理办法，该银行在内部建立了体验管理的专家组织。其骨干专家来自用户体验设计与研究、大数据团队、信息安全团队、产品及运营、开发及测试、运营及流程管理等领域。该组织每两周有组织内部的例会，讨论用户体验管理相关工作的推进及横向体验优化项目的进度；每季度有面向企业各事业部领导层面的用户体验专项检视会。

随着组织的建立和工作的逐步开展，体验管理范围也逐步增加。从最开始的管理线上 APP 功能体验，到逐步管理营销活动体验和内部工具体验，再到线上和线下融合的服务体验、权益及广告视频体验，如图 4-4 所示。

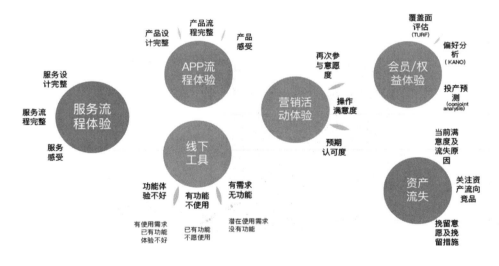

图 4-4　体验管理体验板块示例

同时，也针对各类体验管理内容，建立逐步完善的管理工作标准流程，包括专家走查、用户体验测试、性能监测标准等。

如图 4-5 所示的组织规划是一个成熟的企业中，各体验相关模块的职能部门与体验管理专家组的关系，以及体验专家组与体验设计中心（对于用户体验主责的部门）的两大职能组织"用户研究组"和"设计组"的协作关系；并明确了设计组对于业务和产品的推动合作流程，以及大数据团队和消保团队的角色定位和核心工作内容。

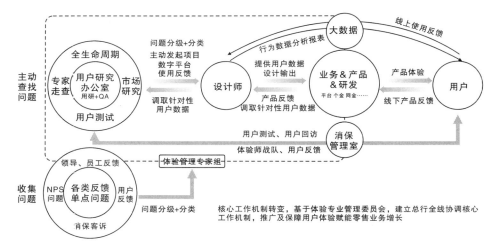

图 4-5　体验管理组织规划图

在管理办法和专家组建立的基础上，为了更好地进行体验管理，该银行内部开发了用户体验管理系统，构建用户体验管理的专属阵地如图 4-6 所示。

图 4-6　用户体验管理系统

系统可以实时帮助企业各部门，了解体验的情况，明确各业务体验的排名和问题所在；也能通过系统追踪体验问题优化的进度，卡点是在具体哪个角色；还能流转问题至对应的属主；并能够通过线上专家组的审核，快速判断体验问题是否得到了有效的解决，体验优化后，体验得分能够对应地提高。数据示意如图 4-7 所示。

图 4-7　UMS 分析数据示例

二、体验组织的预算

（一）体验组织的预算：What

基于体验管理办法和体验组织人员配比，以及要完成的工作，设计体验组织各专项工作预算。

体验管理的预算，通常包括体验分析软件采购费用，例如采购 SPSS 软件；体验分析设备预算，例如采购特殊分辨率的手机、眼动仪等；体验培训预算，例如对内邀请专家、对外参与行业培训；体验咨询项目预算，例如测试用户的招募费用；体验设计项目预算；体验管理顾问预算；体验工作差旅预算；体验活动等文化建设预算；最重要的人力工时预算。

（二）体验组织的预算：Why

由于体验工作日常以专业人才为主，大部分又在体验设计和各类技术中后台部门，不像业务部门频繁接触预算工作，也不愿意主动接触预算工作，编列预算，制定预算使用章程等。然而，对于正规的企业组织，预算是必需的企业经营运营行为。有预算才能帮助组织更好地完成工作。同时，组织有与之相配套的预算，也是组织走向正规化的体现。把组织从"有多少人做多少事"转变成"要多少人和资源，能把事情做好"。下面将从体验组织所需要的费用类预算类型、预算申请逻辑和有效的预算沟通来介绍体验组织的预算设计。

（三）体验组织的预算：How

体验组织的预算的制定需注意以下几个方面。

1. 费用类预算申请逻辑与投产比计算：费用申请的核心逻辑是控制"花出去的费用"与"带回来的利润"在合理的范围，即"投产比"测算。首先需要与企业预算管理部门（如企划）明确测算投产比，比如软件和设备的费用。为保障工作的正常开展，应当放弃没有必要的"投产比"的测算。其次，对于不同的费用内容，应当有不同的投产比测算方式，比如专项培训费用与企业内具备相关能力员工数量提升挂钩，体验提升研究项目费用与业务增长挂钩等。结合各自企业预算设计特点，仔细测算，形成"有逻辑"的测算方案。另外，预算的测算方案是可以在未来多次复用的，包括复用组织整体的预算测算方案和复用某一内容（如软件预算）的预算测算方案。所以，就制定预算测算方案本身而言，是一项"功在当代，利在千秋"的工作。

2. 有效的预算沟通，需要站在"听众"的角度汇报预算：在预算规划制定时，如果体验预算属于企业新增预算，应当与预算部门有专项汇报沟通。需要考虑到体验工作的高专业性，特别是不同于业务预算的测算逻辑；汇报沟通时，要熟悉企业内预算制度、申报时间节奏和专业术语，并用企业内通行的预算制定语言与对方沟通；汇报后要撰写专项会议纪要，明确预算结论和需调整的内容。

3. 预算使用的谨小慎微。在预算申请划拨时，应当坚持循序渐进的原则，由小及大，以成果来支撑预算申请及划拨数量。在预算使用过程中，无论多少金额，都要定期参与预算检视，规范招标及使用预算过程，汇报预算使用进度和结果，在预算管理部门留下良好的口碑，增强互信，才能保证后续预算的审批。再次制定预算时，对于体验管理新增工作的预算可以适度新增，而对于承接过往的工作，应当遵循适度递减的制定逻辑。

（四）体验组织的预算：Sample

各企业有标准的预算编制流程模板，本小节不再示例。

第四节　体验管理的成熟

体验管理的成熟，是指企业吸引和留住终身用户的能力。这些用户不仅可以重新使用企业的业务，还可以鼓励其他人也这样做。企业的资产、运营、员工知识和领导力参与都在实现这一目标中发挥着重要作用。

是否能够连接起用户、是否能够预测未来特性的行为需求，企业是否能够及时地响应和转型，保持不断学习进化，通过数字化手段连接和预测，通过成熟度模型牵引体验管理的变革进程，使得体验管理趋向成熟。

一、体验管理体系化

体验管理战略的制定，标志着体验战略思维，即以人为本的永续经营思维的确立。从战略制高点谋划，辐射至企业运营的体系，被称之为体验管理体系的设计。

（一）体验管理体系化：What

体验管理体系的设计，目标是进一步实践理想的用户体验管理。通过打造体验战略的落地闭环，全面优化企业的运作管理。

体验管理体系，是基于企业的根基（运营和组织架构），通过整个体验系统的设计（品牌、营销、产品、服务等环节触点），将企业的价值主张传递给目标客群，并得到客群的认同和共生。

（二）体验管理体系化：Why

用户体验已经被大多数企业意识到其重要性，采取了一系列的举措动作，市面上也开始有通用的管理模式，如 NPS、满意度。但是各企业所面临的市场、环境、局面，以及内部推行的阻力，在企业内部的成熟程度差异，照搬通用模式，难以将体验战略的规划变得具有针对性和有效性，无法最终落地。

因此，企业需要自上而下地设计一套适合于企业发展特征的体验管理体系。本质上，这一套管理体系，是建立起持续的用户体验根因分析，找出优化方向，持续进行改善，并对改善进行评价监测，不断循环迭代的机制。

（三）体验管理体系化：How

企业的运营，在过去是以自我为中心的模式。随着时代的变化，逐渐要改变为以用户为中心。体验管理体系的设计，要让企业在运营流程中，拉近用户与企业的距离，运用体验思维改造运营能力。

1. 体系测量，找到影响体验的要素并监测。

NPS 体系是当今已广为接受的用于衡量体验、用户忠诚度，并经过验证能够与未来经营业绩相关的体验管理体系。下文的体验管理体系设计也将以 NPS 实践为参考。

体系测量的目标主要有两个：首先是理解企业在现有市场中的体验竞争力地位，其次是理解在哪些关键环节触点的体验要素表现的竞争优劣（战略 NPS）。

以 NPS 数值为基础，分析本品牌各产品的 NPS 逐年变化，确立每年的市场竞争地位并追踪关注竞品变化情况。比如，了解哪几个关键体验要素对 NPS 有较高的影响力；了解关键体验要素中，本品与主要竞品的满意度表现差异；对满意度低于行业/本品设定标准的关键体验要素汇总并排序；聚焦出有待提升的关键体验要素。

2. 绘制体验蓝图设计。

在测量结果的基础上，建立创新性用户体验蓝图，理解企业在现有市场中的竞争力定位，比如，建立用户全旅程驱动要素体系，驱动要素体系优先级分层，用户体验旅程再造，内部业务流程优化。

3. 持续监测与迭代（过程 NPS）。

体验蓝图设计执行过程中，需要持续监测关键环节触点的体验情况，以确保整体体验设计得到完整的执行以及取得良好的结果。例如：

关键触点上，单次互动后，针对该次交互的 NPS 调研，对于打低分的用户进行及时回访，了解贬损原因，主动采取应对措施，以此作为服务部门的业务指标。

追踪品牌、产品、重要服务的 NPS 分数，检验体验的效果，发掘待优化之处。

（四）体验管理体系化：Sample

体验战略业务目标是战略 NPS 提升并具有竞争优势，即战略 NPS 是终极量化得分指标，并通过关键驱动要素的研究制定，确立二、三级指标体系，落实到责任承接组织作为结果指标，如图 4—8 所示。描绘关键环节触点构成的体验旅程及现状，提出理想体验蓝图。基于理想蓝图目标，针对关键场景环节触点，持续监测用户体验数据，及时发现、分析、定位和分发用户问题，驱动内部责任组织改善，定期触发过程 NPS 调研、体验数据变化统计，衡量校准体验改善效果，评价责任组织和内部标准的效果，不断循环优化。

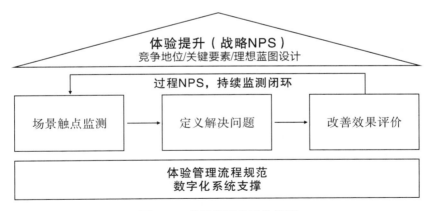

图 4—8 体验管理体系化模型

将过程改善流程规范化，嵌入企业运营的主流程中，保障参与其中的责任组织分工明确，机制有序运转。引入数字化技术，使重复的、可标准化的人工动作由计算机取代，提高体验管理业务流程的效率，进入良性和快速发展的轨道。

二、体验管理成熟度

（一）体验管理成熟度：What

体验管理成熟度（eXperience Management Maturity，XMM）是指将体验管理视为一个工程，对于组织在战略定义、组织设计、度量改进、数据管理和文化沉淀等方面各个阶段发展的描述。并根据这一原则，对体验管理过程进行监控和研究，使其更加标准化、科学化，使得组织更好地实现其商业或社会目标。

（二）体验管理成熟度：Why

用户体验问题产生于用户体验全流程设计和管理中，所以新技术、新流程方法的直接运用不一定会自动提高解决问题的效率。组织或企业需要建立一个有规律的、成熟的体验管理过程，改进的过程将会生产出更好的体验管理成效。

体验管理过程包括各种活动、技术和期望用来提高效率的工具。因此，它实际上包括方法、技术和管理三个方面。XMM 策略通过改进体验管理过程，能够使得组织持续设计出更好的用户体验。

（三）体验管理成熟度：How

体验管理过程的改善不可能在一夜之间完成，因此 XMM 是以增量方式逐步引入变化。参照能力成熟度模型（Capability Maturity Model，CMM）、集成产品开发（Integrated Product Development，IPD）、变革进展指标（Transformation Progress Metrics，TPM）等业界优秀实践，体验管理成熟度可分为五个阶段。

1. 试点级：受控、有限的引入，有少量成效，流程组织等存在较大缺陷。
2. 推行级：在部分业务、产品，开始推行，关键衡量指标有部分改进，运作稳定，流程缺陷较小。

3. 功能级：在大多数业务、产品，进行推行，组织行为正在发生变化，大多数指标得到改进，取得成效。

4. 集成级：完成推行，文化已经发生变化，主要流程顺畅，大多数指标有很大的改进，组织流程几乎没有缺陷。

5. 世界级：成为行业标杆，始终引领，不断自我创新。

（四）体验管理成熟度：Sample

本小节示例为体验管理成熟度发展的 5 个等级对应于战略、组织、流程、度量、数据和文化等方面的要求，企业可参照对应自身当前所处阶段，制定目标，在多长时间内达到某个阶段，以此牵引企业内部的体验管理变革发展方向和策略制定，如表 4-2 所示。

表 4-2　体验管理成熟度示例表

维度	试点级 （0.1~1 分）	推行级 （1.1~2 分）	功能级 （2.1~3 分）	集成级 （3.1~4 分）	世界级 （4.1~5 分）
体验战略	经营层意识到客户/用户体验的重要性，开始在各层级战略制定与分解中提及客户/用户体验	在战略制定分解中明确一些客户、用户体验的目标和任务	将体验战略作为经营战略中的一部分	能通过体验战略实施，实现差异化竞争力	体验战略是经营战略中不可或缺的部分。能通过体验战略的实现传递品牌价值
组织与方法	随着体验管理团队的建立，有一个试点的业务或项目开始使用一些体验研究、评估、检测等方法，开展体验管理活动	在一些业务或项目中，使用体验管理的方法，并配备专业的体验相关技能人员	大多数合适的业务或项目，使用体验管理的方法，具备稳定全面的体验管理相关技能人员	所有合适的产品都使用体验管理方法并且使用体验管理结果作为决策的输入 组织的体验管理专业人员普遍具有行业中上水平的职业技能 组织持续不断地改进体验管理方法，并经过了实践的有效验证	体验管理方法被充分使用，并驱动其他专业领域方法以客户/用户为中心的持续完善 体验管理方法和人员成为行业标杆，并自我进化

维度	试点级 （0.1~1分）	推行级 （1.1~2分）	功能级 （2.1~3分）	集成级 （3.1~4分）	世界级 （4.1~5分）
流程机制	确定客户、用户对象	收集了客户/用户信息，明确了主要竞争对手，在业务或项目流程中嵌入体验相关输入输出	设定了体验目标，体验管理相关工具已被应用，建立起与业务、产品开发等主流程成契合的体验管理流程机制	大部分业务/产品达成了体验目标，获得了客户/用户的认可 体验管理相关工具的应用被不断优化，大部分业务或项目严格执行体验管理流程	体验管理流程与业务流程深度融合，得到细致的执行和持续演进
度量体系	有一个试点的业务或项目，使用一些体验有关的指标为度量试点成效的评价	在一些业务或项目中，建立体验度量标准，衡量体验管理成效	大多数合适的业务或项目，应用体验度量指标，衡量体验管理效果	所有合适的业务或项目，使用体验度量指标衡量体验管理效果	体验度量体系完备，并能适应业务变化
数据管理	体验管理相关的文档和数据已归档并可获得	体验管理相关的文档模板成为业务或项目模板的一部分，并体现在业务或项目计划中；开始使用IT工具手段辅助体验数据管理	开始建立用户画像、体验信息库，对文档和信息进行月度刷新 体验管理数字化平台初步构建	持续不断地对体验数据库中的信息进行分类、归纳、总结，并被大部分新业务项目使用 体验管理数字化平台不断优化完善	体验管理数字化完成，始终高效的支撑体验战略实现
文化沉淀	有少量基础体验理念和方法的培训	有经过实践的体验管理文化宣传和培训	组织内核心成员对体验管理有共同的愿景并积极参与	有系统的体验文化宣传和体验管理技能培训，组织内全员对体验管理形成较为充分的理解	组织全员能够自发的为创造更好的客户/用户体验而付出行动

体验管理成熟度的评估，建议要由行业内专业的第三方体验管理研究机构进行，以表4-2所示成熟度为参考，通过预设的访谈提纲和评分准则，对企业体验管理的关键部门负责人进行访谈评估，每半年或年度开展一次。

第五章 体验测评数据量表

本章介绍 XMBOK 体验管理知识体系的体验测评数据量表，包括通用体验测评指标、软件标准测评量表、企业体验测评模型等。体验测评是体验管理的关键，若无法对体验过程进行量化评估，企业就很难进行有针对性的管理，本章知识点的意义就在这里。

第一节 体验管理量化评估

现代管理学之父彼得·德鲁克说："如果你不能很好地度量它，也就无法有效地管理它。"如果用户体验不能被度量，就注定难以融入由数字构成的生产和管理体系中，因此，梳理体验测评数据量表是关键步骤。

度量是依据一定的规则给观察结果分配一定的数值。体验测评数据量表是指通过一套事先拟定的用语、记号和数目，来测评用户体验的度量工具，其主要作用是将定性的数据转化为量化数据，对事物的特性变量用不同的规则分配数字，形成了不同测量水平的测量量表。

下面对通用的体验测评的指标体系等进行描述，这些知识点摘自已有研究和实践成果，具体详见附录二国际标准与设计规范。

第二节 通用体验测评指标

在任何的产品或服务的体验当中，用户的体验感受作为至关重要的反馈，是产品开发者和服务提供者都十分关注的一个重要方面。为了衡量用户的体验，通用体验测评指标被广泛应用于衡量产品或服务的用户体验，旨在帮助设计者、开发人员和研究人员衡量产品或服务在用户使用时的效果、易用性和满意度等各方面表现。常用的体验指标大多是对使用效率的评估，如任务时长、成功率和用户出错率等，是对用户实际使用行为的客观记录。此外，还有一些主观性较强的指标，如满意度、净推荐值、费力度等。这些指标可以帮助团队更好地了解用户对产品或服务的感受和反馈。

一、用户满意度（CSAT）

用户满意度（Customer Satisfaction Score，CSAT）侧重于收集用户即时的满意度反馈，即对此次服务的满意度评价，通常会以 1~5 分的形式对服务打分或打星。用户满意度主要是测量用户期望值与用户体验的匹配程度，匹配度越高，用户的满意度也就越高。1965 年，Cardozo 首次提出了用户满意的理论概念，并指出提升用户满意度会激发用户的复购行为、增加用户粘性。用户满意度测评简单且扩展性强，可大至系统小至任务，不仅可以评估整体的满意度，而且可以评估产品或服务具体功能的体验满意度。

用户满意度测评的形式是多样的，例如电话满意调研、电子邮件调研，消费后的星级评分等。用户满意度测评大多使用的是 5 点量表，有 5 个选项可供答题者选择。它们分别是非常满意、满意、一般、不满意、非常不满意，对应的分值如下：5 分、4 分、3 分、2 分、1 分。最终分值取决于选择了"非常满意"和"满意"的用户数量之和，值越高，代表用户的满意度越高。

几十年过去了，用户满意度依然沿用至今，可以说是最经典的用户体验测量指标了。在用户满意度的基础上，针对消费类型产品进行细化，强调售后使用体验的部分，出现了购买满意度概念（Purchase Satisfaction，PS）。不管是用户满意度还是购买满意度，缺点有两个：一是用户只是反馈大致印象，无法给企业带来详实的反馈；二是满意度并不直接与忠诚度相关联，即使在用户满意度很高的情况下，依然有可能遭遇留存流失问题。

用户满意度的计算公式是：$CSAT = \dfrac{非常满意的人数+满意的人数}{总样本数量} \times 100\%$。一般来说，理想的用户满意度分值是 $75\% \sim 85\%$ 之间，但是不同行业的基准不同，还是要以实际情况为准。

二、用户费力度（CES）

用户费力度（Customer Effort Score，CES）。用户费力度用于评估用户在使用产品和服务过程中的费力程度。传统观点认为，取悦用户是提升用户忠诚度的关键，比如保持微笑的员工、免费的小礼品和优惠券。然而，2010 年，Matthew Dixon 提出与其取悦用户，不如减轻用户在消费过程中花费的精力，为用户提供省心省力的产品和服务，这才是影响用户忠诚度的主要因素。CES 从此作为衡量用户忠诚度的重要指标受到企业的关注。

用户费力度可以用于几个方面：其一，能够帮助企业定位到自己产品和服务中需要用户"花费太多精力"的元素；其二，能够帮助企业找到一些平时难以注意到的、可优化的细节，让用户体验更加省心省力；其三，对服务体验的评估效果显著，能够体现出用户对服务本身的直接感受，识别出用户在服务过程中愉快和不愉快的经历，帮助企业更加准确地预测用户的留存和流失。

用户费力度的测评示例："您在多大程度上同意以下表述：商家高效地解决了我的问题？"用户费力度的测评选项采取了七分制，从"非常不同意＝1"到"非常同意＝7"，分数越高代表消费过程越轻松。用户费力度的计算公式是：$CES = \dfrac{总得分}{总样本数量}$。

三、首次解决率（FCR）

首次解决率（First Call Resolution，FCR）是用户在第一次与客服或支持人员接触时解决了他们的问题或满足了他们的需求的比例。通常用户在第一次解决问题后就不需要再次联系客服或支持团队。

首次解决率能够真正体现出企业服务部门首次问题解决能力。目前业内普遍会认为首次解决率在 $65\%\sim75\%$，是一个不错的表现。不过不同公司的业务不同，首次解决率的差异也会很大。

首次解决率的计算公式是：$FCR=\dfrac{首解用户数}{首次联系用户数}\times100\%$。

FCR 的提高可以带来多重好处。首先，它可以提高用户满意度，因为用户的问题可以更快地得到解决。其次，它可以减少客服或支持团队需要处理的工单数量，从而减轻团队的工作负担并提高团队效率。最后，它可以减少企业成本，因为每个工单需要一定的成本来解决，减少工单数量可以降低企业成本。

为了提高 FCR，企业可以采取多种措施。首先，企业需要提供高质量的培训和支持，确保客服或支持人员具备足够的知识和技能来解决用户问题。其次，企业可以提供易于使用的知识库和工具，以帮助客服或支持人员更快地找到解决问题的答案。此外，企业也可以优化用户服务的流程和系统，以提高用户问题的解决速度和准确性。

四、净推荐值（NPS）

2003 年，Fred Reichheld 首次提出了净推荐值（Net Promoter Score，NPS）的概念，通过用户对产品或服务的推荐度来评估企业或品牌的口碑和忠诚度，是衡量企业与顾客关系的关键指标之一。

净推荐值的测评将用户划分为三类：推荐者、中立者和批评者。其中，推荐者是投入且重复使用产品的用户，他们会热情地向其他人推荐你的产品或服务；中立者是对产品满意，但缺乏热情和忠诚度的用户，他们很容易转而投向使用竞争者的产品或服务；批评者是那些明显对企业的产品或服务不满意的那部分用户。通过测量用户的推荐意愿，从而了解用户对产品或服务的忠诚度。

净推荐值询问的是意愿而不是情感，对用户来说更容易回答，且直接反映了用户对企业的忠诚度和购买意愿。NPS 的计算方法是通过一道简单的问题来调查用户对企业或产品的推荐意愿："您愿意向朋友或同事推荐我们的产品/服务吗？"回答者可以在 0×10 的量表上选择数字，0 表示"不可能"，10 表示

"非常可能"。回答者分为三类：

0~6分：批评者（Detractors），不太可能为品牌或产品做宣传，可能会抨击品牌或产品。

7~8分：中立者（Passives），对品牌或产品感到满意，但不够强烈，可能会被竞争品牌或产品吸引。

9~10分：推荐者（Promoters），最积极的用户，愿意为品牌或产品做宣传，可能会对其他用户产生影响。

通过计算推荐者和批评者的比例，可以得出净推荐值。

净推荐值的计算公式是：NPS＝推荐者％－批评者％。NPS结果的分数可能会在－100％~100％之间，一般来说超过50％的分数就是比较优秀。

净推荐值被广泛应用于用户满意度调查和市场营销领域，可以帮助企业了解用户的需求和意见，改进产品和服务，提高用户忠诚度和口碑。

第三节　软件标准测评量表

在数字化转型时代大背景下，企业向消费者提供的产品或服务越来越多是以软件形态呈现。近几十年来，软件行业已陆续定义了一些标准化的体验测评量表，包括 ISO 9241. ISO 25010、SUMI 等。

一、产品易用性量表（ISO 9241）

易用性已经成为制约产品设计和发展的主要因素。一方面，要想满足客户的期望，产品必须简单实用、容易理解。例如无法找到商店、购物车或者结账路径，或是商品描述不清、某些商品被隐藏等，都可能导致交易失败并造成损失。而且，关注易用性有助于设计出更加简洁的产品，是降低成本的一个有效的方法。另一方面，易用性引发的问题也可能导致更加危险的情况。例如，在医疗器械中，复杂的操作会导致错误的设置，从而可能会损害患者的健康；飞机驾驶舱的开关和按钮的设计也是易于操作的、状态指示器也必须是简洁易懂的，以此保证驾驶员在高度紧张的情况下也可以轻松完成操作。

易用性是基于特定用户在特定使用场景中来说的，这意味着用户体验会出现差异性，用户反馈会褒贬不一，因此评判标准就显得特别重要。国际标准化组织（ISO）将易用性（Usability）定义为：产品在特定使用环境下，为特定用户达到特定目的所具的有效性（effectiveness）、效率（efficiency）和主观满意程度（satisfaction）。该定义有两个含义：一是指软硬件产品可以被使用，功能是可用的，能够有效解决用户的需求问题；二是功能逻辑易于被用户学习和理解。如果在使用产品的过程中，用户感受到功能系统很模糊，或操作系统很复杂，这就说明产品易用性不好。

ISO 9241 对可用性的定义距离可用性的评估落地更进一步，具备很强的可操作性，在流程较长的 B 端产品体验度量中尤为常用。其中 ISO 9241－210 和 ISO 9241－220（Processes for enabling, executing and assessing human-centered design within organizations，以人为本设计在组织内的实现、执行和评估过程）为主要的两个部分，标准将用户体验定义为"人们对于针对使用或期望使用的产品、系统或者服务的认知印象和回应"。通俗来讲就是"这个东西好不好用，用起来方不方便"。因此，用户体验是主观的，且其注重实际应用时产生的效果。

可以从下面几个方面来合理评估产品易用性，如表 5－1 所示。

表 5－1 产品易用性量表（ISO 9241）

核心特性	
易学性	产品容易上手使用，用户只需少量的学习时间和精力成本即可掌握操作以及熟练使用该产品
高效性	产品可以让用户高效率地完成工作目标，能够有效节约用户工作时间，提高用户的生产力
可记忆性	产品操作易于复盘，长期停止使用后易于唤起，用户能够容易回忆起如何使用产品，无需再花时间去学习
容错性	用户在使用产品的过程比较顺畅，对自己的操作感到可控、有信心，产品很少出现莫名其妙的错误或疑惑
满意度	产品可以帮助用户轻松愉快达成目标或满足需求，使用过程和结果都能达成高满意度，用户愿意推荐给他人
核心术语及定义	
可达性	能用你的产品实现目标的用户的范围越大，可达性越高
使用情境	包括用户、目标、任务、资源和环境

有效性	准确、完整地实现目标
效率	强调资源，达成目标用时、用人、用钱越少，效率越高
人因工程	研究不仅仅是生理还有心理的能力和舒适度
目标	指期望的结果
以人为本	包括和产品相关人员，比如开发人员、投资人、市场人员等
交互式系统	从用户接收输入并向用户传达输出的软硬件产品和服务
原型	表达交互式系统的流程、反馈、输入输出、信息架构等
满意度	产品目标是否实现，用户是否有使用产品不适
利益相关者	一切与产品有利益关系的人
任务	为满足特定目标的一系列活动，即实现目标的手段
可用性	产品能够在特定使用环境下帮助特定用户实现特定目标
用户	是利益相关者的子集，指与产品直接交互的人
用户体验	是产品的品牌、外观、功能、性能、交互行为等用户体验后评估的结果
用户界面	为用户提供信息和控制的交互系统的所有软硬件
确认	通过客观证据，确认利益相关者的特定使用需求被满足
验证	通过验证，确认产品目标被实现
设计原则	
情境为先	在设计产品前，设计者必须清晰理解其使用情境
用户全程参与	用户的参与贯穿设计和开发始终
用户评估	用户评估贯穿产品开发始终，且越早效果越好
过程迭代	产品在上市前，都应该进行大量的评估，反复迭代
体验完整性	完整思考用户活动的所有细节而非某个特定任务
团队跨学科	设计团队应包含跨学科的技能和观点

二、软件质量量表（ISO 25010）

ISO 25010 是评价软件质量的国际标准，从系统功能、信息安全、兼容互用、可靠健壮、易学易用、性能效率、维护升级、移植迁移等 8 个方面的 31

个特性对用户使用软件的体验质量进行评估，如表5-2所示。

表5-2 软件质量量表（ISO 25010）

系统功能	
功能适合性	只提供用户必要的步骤即可完成任务，不含不必要步骤
功能准确性	提供具有所需精度和正确的结果程度
功能完备性	功能集对指定的任务和用户目标的覆盖程度
功能依从性	遵循与功能相关的标准、约定或法规以及类似规定的程度
信息安全	
保密性	产品或系统确保数据只有在被授权时才能被访问的程度
完整性	防止未授权访问、篡改计算机程序或数据的程度
真实性	对象或资源的身份表示能够被证实符合其声明的程度
抗抵赖性	活动或事件发生后可以被证实且不可被否认的程度
可核查性	实体的活动可以被唯一的追溯到该实体的程度
兼容互用	
软件兼容性	能够与其他产品系统交换信息、并使用已交换的信息
数据兼容性	能够有效执行功能且不会对其他产品的数据造成负面影响
可靠健壮	
稳定性	系统、产品或组件在正常运行时满足可靠性要求的程度
容错性	尽管硬软件故障，系统产品的运行符合预期的程度
易恢复性	在发生中断时，能够恢复数据并重建期望的系统状态
健壮性	在需要使用时能够进行操作和访问的程度
易学易用	
易学性	系统或产品使用户学习其功能的能力
易用性	产品或系统具有易于操作和控制的属性的程度
辨识性	用户辨识产品或系统功能是否符合用户需求的程度
容错性	系统预防用户犯错的程度
舒适性	用户界面提供令人愉悦和满意的交互的程度
性能效率	
时间特性	响应时间、处理时间以及吞吐率满足需求的程度
资源特性	所使用资源数量和类型满足需求的程度

续表

并发容量	产品或系统参数的最大限量满足需求的程度
维护升级	
模块化	一个组件的变更对其他组件的影响最小的程度
易分析	可以评估预期变更对产品或系统的影响
易修改	可以被有效率修改，且不会引入缺陷或降低现有产品质量
易测试	能够建立测试准则，并通过测试执行来确定测试准则
可重用	资产能够被用于多个系统、其他资产建设的程度
移植迁移	
适应性	能够有效地、有效率地适应不同的或演变的硬软件环境
易替换	能够替换到另一个相同用途的指定软件产品的程度
易安装	能够成功的安装、卸载的有效性和效率的程度

三、软件易用性量表（SUMI）

软件易用性量表（Software Usability Measurement Inventory，SUMI），可以从五个方面来评估软件的使用质量，如表 5-3 所示。

表 5-3　软件易用性量表（SUMI）

效率	产品在多大程度上帮助用户完成任务
情感反应	在任务过程中，用户所经历的情感反应
帮助系统	产品帮助信息是否有助于解决问题
可控性	在多大程度上，用户认为产品是受到掌控的
可学习性	用户掌握产品/功能操作的速度

软件易用性量表通常有 50 个问题，每个问题有同意、不确定、不同意三个回复项，如表 5-4 所示。

表 5－4　软件易用性量表通用问题

该软件对输入的响应太慢	同意	不确定	不同意
我会向我的同事推荐这个软件	同意	不确定	不同意
说明和提示很有帮助	同意	不确定	不同意
该软件在某个时候意外停止	同意	不确定	不同意
最初学习操作这个软件充满了问题	同意	不确定	不同意
我有时不知道接下来该怎么处理这个软件	同意	不确定	不同意
我喜欢使用这个软件的时间	同意	不确定	不同意
我发现这个软件提供的帮助信息不是很有用	同意	不确定	不同意
如果此软件停止，重新启动它并不容易	同意	不确定	不同意
学习软件功能需要太长时间	同意	不确定	不同意
我有时想知道我是否使用了正确的函数	同意	不确定	不同意
使用这个软件是令人满意的	同意	不确定	不同意
系统信息的呈现方式清晰易懂	同意	不确定	不同意
如果我只使用几个熟悉的功能，我会感到更安全	同意	不确定	不同意
软件文档信息量很大	同意	不确定	不同意
这个软件似乎打乱了我通常喜欢安排工作的方式	同意	不确定	不同意
使用这个软件可以刺激精神	同意	不确定	不同意
当需要时，屏幕上永远不会有足够的信息	同意	不确定	不同意
当我使用这个软件时，我感觉自己掌握了它	同意	不确定	不同意
我更喜欢坚持我最了解的功能	同意	不确定	不同意
我认为这个软件不一致	同意	不确定	不同意
我不喜欢每天都使用这个软件	同意	不确定	不同意
我可以理解这个软件提供的信息并采取行动	同意	不确定	不同意
当我想做一些不标准的事情时，这个软件很尴尬	同意	不确定	不同意
在你使用该软件之前，有太多的要读	同意	不确定	不同意
使用此软件可以直接执行任务	同意	不确定	不同意
使用这个软件令人沮丧	同意	不确定	不同意
该软件帮助我克服了使用它时遇到的任何问题	同意	不确定	不同意
这个软件的速度足够快	同意	不确定	不同意

续表

我一直不得不回去看导游	同意	不确定	不同意
显然，用户的需求已经得到了充分考虑	同意	不确定	不同意
在使用这个软件时，我有时会感到很紧张	同意	不确定	不同意
菜单的组织似乎非常合乎逻辑	同意	不确定	不同意
学习如何使用新功能很困难	同意	不确定	不同意
需要太多的步骤才能让一些东西发挥作用	同意	不确定	不同意
我认为这个软件有时会让我头疼	同意	不确定	不同意
错误信息不够	同意	不确定	不同意
让软件完全按照你想要的方式做很容易	同意	不确定	不同意
无法使用用这个软件中提供的所有内容	同意	不确定	不同意
该软件并不总是能达到我预期的效果	同意	不确定	不同意
该软件以一种非常有吸引力的方式呈现自己	同意	不确定	不同意
整个系统都提供帮助信息的数量或质量各不相同	同意	不确定	不同意
从任务的一个部分转移到另一个部分相对容易	同意	不确定	不同意
很容易忘记如何使用这个软件做事	同意	不确定	不同意
该软件的行为偶尔会以一种无法理解的方式出现	同意	不确定	不同意
这个软件真的很尴尬	同意	不确定	不同意
一目了然地看到每个阶段的选项是什么	同意	不确定	不同意
将数据文件输入和输出并不容易	同意	不确定	不同意
当我使用这个软件时，我大多数时候都必须寻求帮助	同意	不确定	不同意

四、系统易用性量表（SUS）

系统易用性量表（System Usability Scale，SUS）如表5—5所示。它最初由 John Brooke 于 1986 年创建，可以用于评估硬件、软件、网站、移动设备等系统的易用性。

系统易用性量表由 10 个问题组成，每个问题有 5 个回复选项，得分从"强烈同意"到"强烈反对"。评估结果可以换算为 0~100 之间的分数。经验和研究表明，得分超过 68 分表示易用性良好，如表5—5所示。

表5-5　系统易用性量表（SUS）

我想我会经常乐意使用这个系统	0 1 2 3 4 5 6 7 8 9
我发现这个系统存在不必要的复杂之处	0 1 2 3 4 5 6 7 8 9
我认为这个系统很容易使用	0 1 2 3 4 5 6 7 8 9
我认为我需要技术人员的帮助才能使用这个系统	0 1 2 3 4 5 6 7 8 9
我发现这个系统中的各个功能集成得很好	0 1 2 3 4 5 6 7 8 9
我认为这个系统有太多不一致的地方	0 1 2 3 4 5 6 7 8 9
我想大多数人都会很快学会使用这个系统	0 1 2 3 4 5 6 7 8 9
我发现这个系统使用起来很麻烦	0 1 2 3 4 5 6 7 8 9
我对使用这个系统很有信心	0 1 2 3 4 5 6 7 8 9
在我开始使用这个系统之前，我需要学习很多东西	0 1 2 3 4 5 6 7 8 9

五、用户界面满意度量表（QUIS）

用户界面满意度量表（Questionnaire for User Interface Satisfaction，QUIS）是一种专门记录用户对系统界面主观满意度的调查问卷。根据官方描述，QUIS包括常用的简版和更为全面的长版。其项目分为两个模块。首先是总体评估，包括6个语义差异评级。其次是分类评估，其中简版包括界面、术语和系统信息、可学习性、系统能力4个部分，最多可达41个项目；而长版还包含有技术手册和在线帮助、在线教程、多媒体应用、电信会议及软件安装5个部分，最高可达122个项目。如表5-6所示是产品用户界面满意度量表。

表5-6　用户界面满意度量表QUIS

界面	阅读界面上的字符	无法识别	0 1 2 3 4 5 6 7 8 9	清晰明了
	高亮显示简化了任务	一点也不	0 1 2 3 4 5 6 7 8 9	非常清楚
	信息组织	令人困惑	0 1 2 3 4 5 6 7 8 9	非常清楚
	界面切换顺序	令人困惑	0 1 2 3 4 5 6 7 8 9	非常清楚

续表

术语和系统信息	整个系统中使用术语	前后不一	0 1 2 3 4 5 6 7 8 9	整体一致
	使用与任务相关的术语	从来没有	0 1 2 3 4 5 6 7 8 9	总是相关
	屏幕上的信息位置	前后不一	0 1 2 3 4 5 6 7 8 9	整体一致
	输入提示	令人困惑	0 1 2 3 4 5 6 7 8 9	非常清楚
	计算机告知其进展	从来没有	0 1 2 3 4 5 6 7 8 9	总是有用
	错误信息	无济于事	0 1 2 3 4 5 6 7 8 9	总是有用
可学习性	学习操作系统	学习困难	0 1 2 3 4 5 6 7 8 9	学习简单
	通过尝试探索新功能	学习困难	0 1 2 3 4 5 6 7 8 9	学习简单
	记住姓名和使用命令	学习困难	0 1 2 3 4 5 6 7 8 9	学习简单
	执行任务很简单	从来没有	0 1 2 3 4 5 6 7 8 9	总是有用
	屏幕上的帮助信息	无济于事	0 1 2 3 4 5 6 7 8 9	总是有用
	补充参考材料	令人困惑	0 1 2 3 4 5 6 7 8 9	非常清楚
系统功能	系统速度	系统太慢	0 1 2 3 4 5 6 7 8 9	系统够快
	系统可靠性	没有信心	0 1 2 3 4 5 6 7 8 9	绝对可靠
	系统往往是	嘈杂繁琐	0 1 2 3 4 5 6 7 8 9	简洁优雅
	纠正你的错误	纠正困难	0 1 2 3 4 5 6 7 8 9	简单有效
	专为所有用户而设计	从来没有	0 1 2 3 4 5 6 7 8 9	总是有用

六、计算机系统易用性量表（CSUQ）

计算机系统易用性量表（Computer System Usability Questionnaire, CSUQ[①]）从三个角度来测量参加者在试验中的满意度，它们包括系统的易用性、信息质量和用户界面质量，如表5-7所示。

表5-7　计算机系统易用性量表（CSUQ）

总的来说，我对使用这个系统是多么容易感到满意	1 2 3 4 5 6 7
使用这个系统很简单	1 2 3 4 5 6 7

---

① Lewis，J. R（1995）. IBM 计算机易用性满意度问卷：心理测量评估和使用说明. 国际人机交互杂志，7：1，57-78.

续表

我可以使用这个系统有效地完成我的工作	1 2 3 4 5 6 7
我可以使月这个系统快速完成我的工作	1 2 3 4 5 6 7
我能够使用这个系统高效地完成我的工作	1 2 3 4 5 6 7
我觉得使用这个系统很舒服	1 2 3 4 5 6 7
学习使用这个系统很容易	1 2 3 4 5 6 7
我相信我使用这个系统很快就提高了工作效率	1 2 3 4 5 6 7
系统会发出错误信息，清楚地告诉我如何解决问题	1 2 3 4 5 6 7
每当我在使用系统时犯错，我都会轻松快速地恢复	1 2 3 4 5 6 7
此系统提供的信息（如在线帮助等）是清晰的	1 2 3 4 5 6 7
很容易找到我需要的信息	1 2 3 4 5 6 7
系统提供的信息易于理解	1 2 3 4 5 6 7
这些信息有效地帮助我完成任务和场景	1 2 3 4 5 6 7
系统屏幕上的信息组织是明确的	1 2 3 4 5 6 7
这个系统的界面令人愉快	1 2 3 4 5 6 7
我喜欢使用这个系统的界面	1 2 3 4 5 6 7
这个系统具有我期望它拥有的所有功能	1 2 3 4 5 6 7
总的来说，我对这个系统很满意	1 2 3 4 5 6 7

这个问卷可以帮助企业了解到用户在使用产品时的一个最直接的感受，以及对产品感到不满意和满意的方面，从而帮助产品改进设计。

第四节　企业体验测评模型

不同的企业根据其自身产品业务的特点，不断地探索适合自身的衡量标准，比如电商平台 PULSE 模型、谷歌 HEART 模型、阿里云 UES 模型、支付宝 PTECH 模型等。

一、电商平台 PULSE 模型

PULSE 模型用于电商平台的体验测评，该模型是相对较为完善的度量框架，早期用于评估 Web 类网站的体验表现，被很多公司和组织广泛应用，如表 5−8 所示。

表 5−8　电商平台 PULSE 模型

页面浏览量	通过比较用户路径过程中的关键页面浏览，可以得知关键节点下页面转化与流失情况。
正常运行时间	指网站需要有持续稳定运行的时间，这非常重要，如果平台出现故障，会降低用户体验，且会对企业造成极大的损失。一些大平台出现故障甚至会导致整个行业的震动。 市面上有很多这类监测工具，例如站长工具。
延迟时间	延迟是用户体验的大敌，页面打开延迟超过 5 秒用户开始不耐烦，超过 10 秒就打算要离开了。
活跃用户数	反映用户的访问参与情况以及网站的实际运营情况，用于估计产品的用户规模。电商平台通常会关注 7 日、15 日、30 日活跃用户数情况。有两种计算方式，查重和不查重。
收益	收益指标根据不同产品需要定制，电商类的可能更关注订单量、收入、毛利等指标。

二、谷歌 HEART 模型

HEART 模型是谷歌公司用于评估产品的用户体验，该体验测评模型由 Kerry Rodden、Hilary Hutchinson 和 Xin Fu 于 2010 年在论文中首次提出。该模型由五个宏观维度组成，并没有具体的度量指标，不同产品可以根据需求从微观角度进行指标细分，如表 5−9 所示。其中，接受度和留存率都是通过特定时期内大量的用户统计，来监控新用户和老用户，在产品不同发展时期对二者的侧重会有所不同。和接受度相同的是特定的时期以及如何定义使用需要各团队根据项目目标来决定，两者的衡量指标是定义产品核心功能。

表 5-9 谷歌 HEART 模型

愉悦度	是指用户在使用产品过程中的主观感受，包括满意度、净推荐指数（NPS）、视觉感受、易用性感知等，主要通过问卷调查获取数据。
参与度	是用户在一个产品中的参与深度，在这个维度上，通常是一段时期内访问的频度、强度或互动深度的综合。比如拍照应用的参与度可以体现为单个用户每天上传的照片数，视频应用可以体现为单个用户每日视频浏览时长。
接受度	反映产品对新用户的吸引，可以通过特定时期内大量的用户统计来反映新用户对产品或功能的使用情况。此处特定的时期（比如是一周还是一个月）和使用情况（比如使用是指打开应用，或进入发单流程，还是成功发出订单）需要团队在度量接受度时根据项目目标来决定具体指标。接受度用以监控特定时期内有多少新用户开始使用产品（比如近 7 天内新建的账号）。
留存率	是衡量现有用户的重复使用情况，比如有多少活跃用户在指定时间内仍在使用应用或某功能。不过通常相较于关注留存度，更多关注的是流失度，两者属于同一个维度，可以灵活选择。留存率则用以监控特定时期内有多少用户在下一个时期内仍然存在（比如，某一周 7 天活跃用户在 3 个月后仍然在 7 天活跃用户中）。
任务完成度	该维度包括一些传统的用户体验行为指标，比如效率（如完成任务的时间）、效果（比如任务完成的百分比）以及错误率。这一维度在产品或功能是工具型时尤为合适，比如记账、打车等这类工具性应用，或搜索、上传照片、用户服务这类工具型功能。

值得说明的是，任务完成度的衡量指标可以细分为三个部分：

1. 任务完成率＝成功完成任务的用户数÷尝试完成任务的用户总数。

2. 任务完成时间：用户成功完成一个预先设置的任务场景的时间总和。任务完成时间＝从开始到用户放弃或者未正确完成任务的时间＋用户花费在一个任务上的总持续时间。

3. 发生错误的数量：指用户在尝试任务时产生的任何过失、错误或疏忽。出错率可以从 0 到无穷大，但在用户体验测试中，一个任务的出错数很少超过 20。

三、阿里云 UES 模型

UES 模型是阿里云通过多年设计实践中沉淀下来的云产品使用体验度量框架。该指标体系由五大维度构成，如表 5-10 所示。

表 5-10　阿里云 UES 模型

易用性	是产品使用质量的核心维度，它反映产品对用户而言是否易于学习和使用，包含易学性、易操作性和易见性三个维度。易用性的提升可以促进操作效率和任务完成率的提升、降低学习成本、提升用户体验和满意度。该纬度权重 0.3
一致性	是指多款产品间通用范式部分的一致程度，分为整体样式、通用框架和常用场景及组件等维度。对于用户而言，体验一致性的提高可以降低用户的操作时长及错误率，降低学习成本，提升用户的满意度。对于产品设计及开发者而言，保持体验一致性可以提升开发效能，产品模块的可集成性、稳定性和可延续性更高。该纬度权重 0.3
满意度	反映着用户对产品或服务的期望被满足的程度，这个指标一定程度上会反映用户再次使用和对产品进行推荐的程度。该纬度权重 0.2
任务效率	包含任务完成率和任务完成时间，云产品的任务链路相对复杂。针对有明确任务或有固定使用流程的产品，通过比对用户路径和产品设计的理想路径之间的差异，能够帮助我们发现产品流程设计上的问题。该纬度权重 0.1
性能	监控性能的指标有很多，其中最影响用户感知的指标是首屏渲染时间（FMP），指用户从发出请求到看到控制台主要内容的时间。其次，还包括页面请求响应时间、API 请求响应时间等指标。该纬度权重 0.1

四、支付宝 PTECH 模型

PTECH 模型用于支付宝等企业级中后台系统的体验测评，该模型做到了定量与定性全覆盖，其内容和含义如表 5-11 所示。

表 5-11　支付宝 PTECH 模型

性能体验	产品性能表现，如页面打开、操作反馈速度，系统稳定性等。关键度量指标：页面加载时长、页面可用时长、服务请求响应时间。度量手段：应用性能监控、用户行为埋点
任务体验	产品核心任务流程中的体验问题，如成本、效率、期望等。关键度量指标：关键任务增长指数、关键任务转化指数。度量手段：用户行为埋点、应用性能监控
参与度	产品提供的功能是否可以满足工作需求，如用户参与度、依赖度等。关键度量指标：周访问用户数、周用户平均访问频次、周用户留存指数。度量手段：用户行为埋点
清晰度	功能设计、引导帮助系统清晰度，用户能够自主顺利完成各项工作。关键度量指标：设计规范得分、用户主观清晰度得分、帮助系统完善度得分。度量手段：用户行为埋点、问卷调查、卡片分类
满意度	用户对产品不同方面的主观满意度，比如视觉美观、客服支持等。关键度量指标：总体满意度。度量手段：问卷调研、用户访谈、反馈文本情感分析

PTECH 模型是在 HEART 模型的基础上完善优化，优化点有以下几个：

1. 对于企业级中后台来说，往往由于企业产品的封闭内环、用户基数等众多因素，满意度比 NPS 指标更加有效。

2. 不强调留存率，企业级产品用户往往没有太多的可选余地，因此留存率未必适合用来衡量用户对于产品的喜好。

3. 参与度和接受度指标合并：对于企业级中后台系统，用户使用的目标性更强，就是来完成某个任务或工作，因此活跃度基本和产品能否满足用户的需求强相关。

蚂蚁金服开发了基于该度量框架的产品体验分析平台"九色鹿"，支付宝 UED 团队提供以用户为中心的 UBA（用户行为分析）＋APM（应用性能监测）闭环下的体验洞察，让产品体验可量化、可优化、可监控。

五、阿里 1688 五度模型

阿里 1688 五度模型是按照用户使用产品的整个生命周期过程来组织的，从用户的行为与态度和当下与未来这两个维度进行分解。五度模型的 5 个维度如表 5-12 所示。

表 5-12　阿里 1688 五度模型

吸引度	是指在操作前，产品能不能吸引用户过来使用、能不能吸引用户产生相应行为；相关的用户体验数据指标例如知晓率、到达率、点击率、退出率等
完成度	是指在操作过程中，用户能不能完成产品目标对应的操作，以及完成目标过程中的操作效率，主要用户体验数据指标：首次点击时间、操作完成时间、操作完成点击数、操作完成率、操作失败率、操作出错率等
满意度	是指完成操作后，用户产生的主观感受和满意度，主要用户体验数据指标有：操作容易度、布局合理性、界面美观度、表达内容易读性等各个方面的主观评价
忠诚度	是指完成一次使用后，用户会不会再次使用此产品，主要用户体验数据指标有：30 天/7 天回访率、不同平台的使用重合率等
推荐度	是指用户会不会将此产品推荐给其他人，主要用户体验数据指标：净推荐值（NPS）

相比较之下，阿里云 UES 模型和支付宝 PTECH 模型较为适合 B 端产品，五度模型的应用场景更加适合 C 端产品。

附　录

中英文专业术语对照表

Glossary of Terms

术语（英文）	术语（中文）	注释
Cognitive walkthrough	认知走查	认知走查最早由 Lewis 等人提出，即以用户的视角在界面上执行任务，并检查是否可以完成任务，以及任务过程中存在的问题。认知走查以节省成本的方式排查设计问题，适用于迭代设计早期。
Color associations	色彩联想	不同颜色代表不同属性，例如红色代表爱，激情，警示；黄色代表开心，吸引注意力和忠诚；绿色代表和平，健康，自然；蓝色代表平静，忧郁和想象力等。不同文化，或同一个文化的不同时期，颜色使用和其相关联的属性会存在很大差异。
Color vision impairments	色觉障碍	色觉障碍，通常指色盲和色弱，色盲是缺乏或完全没有辨色能力，包括红、绿色盲及蓝色盲、全色盲。色弱为辨色力不足，也包括红、绿色弱及蓝色弱。

术语（英文）	术语（中文）	注释
Comparative competitor analysis	竞品分析	竞品分析是一种策略，帮助了解竞争对手及其市场状况，帮助产品和设计团队学习借鉴，做决策支持和市场预警，也可以同时了解自身产品的优缺点。竞品分析有多种方式，是产品经理和设计者的必备技能。
Competitive advantages	竞争优势	竞争力优势是一种独特的优势，竞争优势可以来自产品成本和质量。企业专有资产和知识、市场占有量等。Michael Porter 曾经提出著名的"五种竞争力量""三种竞争策略"（总成本领先战略、差别化战略和专一化战略）的理论观点。
Conformity with user expectations	符合用户期望	符合用户期望是指应用或产品符合用户已有的认知，用户能够将应用程序与现实世界联系起来。
Constructive interaction	建设性互动	这种方法是两个人一起用系统/原型来完成任务。观察的焦点是人与人之间的互动或讨论。这对理解行为的动机或原因通常有帮助。在这种方法中，特别重要的是要确保两个人都行动，而不是一个人行动。这种方法通常用于儿童和老人。
Context analysis	场景分析	系统易用性和可用性很大程度上取决于它的使用环境。只有知道不同的应用场景，才能对系统进行优化。环境因素包括外部环境、物理环境（光照、温度等）、心理环境（压力、隐私、动机等），以及个人物理环境（坐姿、活动、手部的自由度等）。
Context of use	使用场景	Context of use 的对象包括目标用户，任务以及周围环境的信息等，目的在于确定使用或将要使用给定（软件）产品的条件。
Controllability	可控性	可控性是在 ISO 9241－110 标准中所描述的人性化设计的对话原则之一。
Cost reduction	成本降低	是公司降低其成本的行为。依照公司的服务及产品不同，其降低成本的策略也有所不同。
Data quality	数据质量	数据质量是对数据的评估，如果数据符合其在运营、决策和规划中的预期用途，则通常认为数据质量较高。
Design principles	设计原则	设计原则是设计者制定的普适的规则、指导方针，是在设计过程中必须考虑的因素。
Effects of color	色彩效果	色彩可以唤起联想，触发情感，影响心情。
Efficiency	效率	提升用户体验的重要因素就是简化操作流程，从而提升用户的操作效率。

术语（英文）	术语（中文）	注释
Environmental influences	环境影响	环境对于用户的操作行为有影响，比如强光下或开车中使用手机会减缓阅读速度，也有可能降低可读性。
Error tolerance	容错	容错是对人为错误具有适应能力的设计。
Evaluation	评估	从用户角度对系统使用质量的评估。
Eye tracking	眼动追踪	眼动追踪是通过测量眼球注视点的位置、扫视（眼部快速运动）和返回（瞳孔向后转动）实现对眼球运动的追踪。在心理学，视觉系统和认知语言学都有广泛的应用。
Focus group	焦点小组	焦点小组/小组访谈源自社会学，是用户研究中经常使用到的定性方法。采用半结构式（既定议程）与用户进行讨论，目的是倾听用户的想法。
Formative evaluation	形成性评估	一种分析和评价用户体验的方法，通过收集定性数据来识别用户体验的问题，常见的方法有用户体验度量指标，基准任务（Benchmark）和出声思维法（think-aloud）等。
Fundamental colors	基本色	三种基本色（或原色）是红色、绿色和蓝色。
Gestalt principles	格式塔原则	格式塔原则是基于格式塔心理学（又称完形心理学）发展出来的一些原则，格式塔心理学是关于人类视觉感知的理论，对于设计领域有重大影响，衍生出了丰富的设计原则。
Hardware ergonomics	硬件人类工程学	人因工程学研究的是人和机器，环境之间的相互作用和合理结合，硬件人因工程学是指使人机交互的工具（输入和输出的设备）符合人的生理特性。
Heuristic evaluation	启发式评估	由 Nielsen 和 Molich 于 1990 年提出，由评价人根据可用性原则评估系统，并提出可用性问题。这种分析方法的优势在于使用资源少，决策过程迅速，不足之处是会受到评价人的主观影响。
High-fidelity prototype	高保真原型	有时也称 high-fi 或 hi-fi，是一种交互产品的表现方式，在细节和功能方面与最终设计最为相似。
Horizontal prototype	水平原型	设计的界面包含了所有需求的功能，但这些功能主要用于测试用户界面。
Human-computer interaction（HCI）	人机交互	人机交互是研究系统与用户之间的交互关系的学科。人机交互界面通常指用户可见的部分，用户通过人机交互界面与系统交流，并进行操作。设计者在设计时需要考虑用户对系统的理解（心智模型）。

术语（英文）	术语（中文）	注释
Increase in productivity	提高生产力	在不增加投入的情况下有更多的产出或是生产效率有所提升。
International norms	国际规范	国际规范是整个国家系统对特定类型的外交政策行为的适当性普遍持有的那些意见的表达。
International Organization for Standardization	国际标准化组织	简称：ISO，成立于 1947 年 2 月 23 日，制定全世界工商业国际标准的国际标准建立机构。ISO 总部设于瑞士日内瓦，现有 165 个会员国。该组织定义为非政府组织，官方语言是英语、法语和俄语。参加者包括各会员国的国家标准机构和主要公司。
Iterative design	迭代设计	迭代设计是一种基于原型、测试、分析和改进产品或流程的设计方法。
Joy of Use	使用的乐趣	使用一款产品时带来愉悦的感受。
Lean UX	精益用户体验	精益用户体验来源于精益而敏捷的开发理论，关注于设计中的体验，与传统用户体验相比，它较少关注交付物。
Low ficelity prototype	低保真原型	低保真原型与最终产品的相似度很低，通常用来验证一个想法是否可行。
Memorability	可记忆性	在易用性中的可记忆性概念是，用户可以离开一个程序，但当用户返回该程序时，仍记得如何在该程序中进行操作。
Mental models	心智模型	心智模型是深植于我们心中关于自己、他人和组织以及世界每个层面的假设、形象和故事，深受习惯思维、定势思维和已有知识的局限，心智模型逐渐成为人机交互的常用名词。唐纳德·诺曼在《设计心理学》一书中的解释：心智模型是存在于用户头脑中对一个产品应具有的概念和行为的知识。这种知识可能来源于用户以前使用类似产品沉淀下来的经验，或者是用户根据使用该产品要达到的目标而对产品概念和行为的一种期望。
Monochromats	全色盲者	全色盲者只有一种视锥细胞，只能辨别特定色彩，例如绿色色盲、红色色盲等。
Objectivity	客观性	数据有变异性、规律性、客观性三种性质，数据客观性是指数据的客观存在。无论我们是否接触它，它都已经发生并且存在于那里。
Optical illusions	视错觉	视错觉是指通过几何排列、视觉成像规律等手段，制作有视觉欺骗性的图像，引起错觉。

术语（英文）	术语（中文）	注释
Optical limitations	光学限制	人眼所能看到的可见光只是整个电磁波谱的一部分，能看到光线范围大致在光波段（380～760纳米），在这个波段之外的光线，我们眼睛没有识别能力。所以我们看不到紫外线、红外线、X射线、γ射线等。
Paper prototype	纸质原型设计	纸质原型设计是一种广泛用于以用户为中心的设计过程的方法，可帮助开发人员创建满足用户期望和需求的软件。它是一次性原型设计，设计者创建粗略的手绘界面图作测试。
Parallel design	并行设计	几位设计者根据同一组需求独立完成设计概念后，设计团队基于这些方案，进一步完善设计。
Participatory design	参与式设计	一种多用户共同创造理念的概括表达，鼓励多用户参与决策以及设计过程的定性研究方法。参与式设计改变了原有的由上而下的精英式决策，旨在获得众人认可的共识。
Persona	用户角色	用户角色是真实用户的虚拟代表，Alan Cooper最早提出了用户角色的概念。用户角色用于识别动机、目标、行为并分析影响用户使用产品的因素，以提升产品功能的可用性与易用性。用户角色需阶段性更新做到可持续使用，将核心用户的形象融入每个成员的设计思维中。
Perspective taking	换位思考	换位思考是人对人的一种心理体验过程，客观上要求我们将自己的内心世界，如情感体验、思维方式等与对方联系起来，站在对方的立场上思考问题，为增进理解奠定基础。
Product lifecycle	产品生命周期	产品生命周期（PLC）是指每个产品从引入到退出或最终消亡的周期。
Protanomaly	红色弱视	对红光的敏感度降低。
Protanopia	红色盲	缺乏红色视锥细胞。
Qualitative usability goals	定性易用性目标	产品的可用性目标是实现人与产品交互的基本指标，也是进一步实现用户体验目标的基础。定性目标有助于指导界面设计，尤其是在初始阶段。
Quality in use	使用质量	1. 用户对软件产品质量的印象。 2. 软件产品能够使特定用户在特定的使用环境中有效、快速、安全、满意地实现特定目标。
Quantitative usability goals	定量易用性目标	每种定量研究方法都会产生有价值的数据，但是这些方法在收集的数据类型以及所需的资源和工作量方面差别很大。

术语（英文）	术语（中文）	注释
Receptor cells	受体细胞	哺乳动物眼睛中的感光细胞类型：两种典型的（用户体验相关的）感光细胞是视杆细胞和视锥细胞，每种都提供视觉系统用以形成视觉表现（即视力）所需的信息。
Reliability	可靠性	产品在规定的条件下和规定的时间内，无差错地完成规定任务的概率。
Rocs	视杆细胞	杆状细胞或视杆细胞是眼睛视网膜上的感光细胞，与另一种类型的感光细胞——视锥细胞相比，它们在较暗的光线下能更好地发挥作用。视杆细胞通常集中在视网膜的外缘，用于周边视觉，通常只能感知灰色阴影。
Satisfaction	满意度	用户满意度较为真实地反映了用户内心的心理状态和对某项服务的体验感受，它是用户通过对比自身初始的期望和亲身体验某种商品或服务进而产生的感受。一般而言，用户满意度是一个相对概念。
Scenario prototype	场景原型	基于场景的原型设计方法，用户设计复杂的软件系统，包括结构和行为模型。该方法支持原型模型的逐步和交互式的充实，支持在早期设计阶段手机的工件和情景之间的可追溯性。
Self-descriptiveness	自我描述	描述性自我描述主要指对真实性信息的表露，包括有关个人的思想和经历等，如果用户能意识到他们可以用一个对象或界面做什么，以及如何做，那么这个对象或界面就具有自我描述性。
Social rules	社会规则	社会规则或规范是不成文的行为准则。它们为我们提供了一个在特定社会群体或文化中如何表现的预期印象。
Software ergonomics	软件人机工程学	软件人机工程学旨在适应人类的认知能力或信息处理能力。它主要用于描述和评估人机交互的用户界面。
Static vision	静态视觉	静态视觉或静态视觉敏锐度：静态视觉敏锐度是指在不改变位置的情况下，辨别视网膜上形成的静态物体图像的细节的能力。
Style guides	风格指南	风格指南是一套用于编写和设计文件的标准，可以是一般使用的，也可以是特定出版物、组织或领域的。风格指南的实施提供了一个文件内和多个文件之间风格和格式的统一性。风格指南应该描述出对公司品牌和声音中本地化内容的具体期望。

续表

术语（英文）	术语（中文）	注释
Suitability for individualization	适合个性化	国际标准化组织（ISO）建立了一套涵盖了人机交互的人类工程学的通用标准，这些标准经过多年的发展已被行业领导者认可，其目的是想帮助设计者使用可靠有效的方法去获取调研结果。适合个性化是 ISO 9241－110 标准中描述的用户友好设计的对话原则之一。对用户来说，使复杂产品个性化的能力很重要。这意味着用户可以根据自己的需要调整产品。
Suitability for learning	适合学习	适合学习是 ISO 9241－110 标准中描述的用户友好设计的对话原则之一，即当用户第一次接触设计时能完成基本任务的程度。当用户需要学习如何使用某个产品的某些功能时，应该尽可能简单。
Suitability for the task	任务适用性	任务适用性是 ISO 9241－110 标准中描述的用户友好设计的对话原则之一。任务的适用性用于描述完成某项特定任务的合理程度。
Summative evaluation	总结性评估	总结性评价通常在产品开发过程后期，涉及定量目标或竞争对手的产品评价设计，旨在衡量完整的产品可用性。
Target group relevance	目标群体相关性	目标群体是具有相同或相似需求的一群人，它通常根据人口和社会经济特征来描述。目标群体相关性是描述特定功能与目标群体的相关性。
Task analysis	任务分析	对任务如何完成进行的分析，包括物理活动、心理活动、任务持续时间、要素持续时间、任务频率、任务分配、任务复杂性、环境条件、必要装备和其他独特因素的详细描述。任务分析有助于理解用户目标、实现目标的行动、在任务中用到的经验、物理环境对用户的影响等。
Teach－back	回授法	在对用户进行教育后，让其自己的语言复述信息，对于用户理解错误或未理解的信息，再次强调，直到用户正确掌握所有信息。
Thinking aloud	有声思维法	源于 K. A. 艾瑞克森和 H. A. 西蒙在研究人们解决问题的策略时提出的协议分析（protocol analysis）的方法，后被 C. 刘易斯引入可用性领域。在执行测试任务时，说出所思所想，包括看什么、做什么以及感觉如何，不仅可以了解用户的期望，也可了解他们为什么要这样做，进而对产品进行后续改进。
Trichromats	三色视者	可以看到三种基本色（红、绿、蓝）的人。
Tritanopia	蓝黄色盲	患者没有蓝色视锥细胞。
UCD analysis	以用户为中心的设计分析	以用户为中心设计的四个阶段是分析、实施、测试和评估。

术语（英文）	术语（中文）	注释
Universal design	通用设计	通用设计是不论文化、语言、国际、年龄、性别等差异，不论有无障碍，能力差别都能理解并使用的设备、产品、信息等设计。
Usability	易用性	易用性是一个质量属性，用于评估使用用户界面的容易程度。"易用性"一词也指在设计过程中提高易用性的方法。ISO 将易用性定义为"在特定的使用环境中，特定的用户使用某产品可以有效、高效、满意地实现特定目标的程度"。
Usability engineering lifecycle	易用性工程生命周期	易用性工程生存周期记录了一种结构化和系统化的解决产品开发过程中易用性问题的方法。它由一组易用性工程任务组成，这些任务按特定顺序应用于整个软件开发生命周期中的特定点。
Usability engineering process	易用性工程流程	在易用性工程中，通过各种方法收集数据，对数据的质量进行评估，错误的收集或不恰当的数据可能会对交互式系统的开发产生持续的负面影响，或使开发朝着错误的方向发展。
Usability test	易用性测试	易用性测试指系统或产品是否使用方便，可以从可理解性、可操作性、可学习性、吸引性和依从性几个方面分析。 用户在一个系统或原型上执行精确定义的任务，过程中他们的行为会被观察和分析。易用性测试贯穿于整个软件生命周期，可以最小成本地评估软件是否好用。
Use case	用例	从应用的视角描述使用过程，用例描述了当一个用户使用某一应用而需执行特定任务的所有步骤，以及应用对用户行为的反应形式。用例用于描述交互过程，并评估它们的优先级。
User analysis	用户分析	收集所有能够或可能对产品使用产生影响的用户特性。
User experience engineering process	用户体验工程流程	传统易用性工程涉及活动、方法和规程，它们旨在实现为特定目标定制的、面向功能的系统，以满足在使用质量方面有明确定义的需求。
User interface	用户界面	系统和用户之间进行交互和信息交换的媒介，它实现信息的内部形式与人类可以接受形式之间的转换。
User scenario	用户场景	用户场景显示用户在特定环境、特定时间使用产品的不同心境、行为或需求，场景中重要四要素是用户、时间、地点和任务。用户场景分析是设计解决方案的辅助工具。

术语（英文）	术语（中文）	注释
User-centered design	以用户为中心的设计	贯穿设计过程的每个阶段，以用户为中心的设计始终围绕用户及用户的需求展开工作。
User experience	用户体验	用户体验指用户在使用产品或系统时的行为，情绪和态度。不仅包括操作面向，情感面向，意义价值面向，还包括用户使用系统时的感受，任何与产品体验相关的范围都是用户体验的一部分，用户体验这个词最早由 Don Norman 提出和推广，近年来已经为各行各业所熟知并采用。
Validity	有效性	指一个概念、结论或度量是有依据的，并且与现实世界正确对应。
Vertical prototype	垂直原型	也叫作结构化原型或概念证明，实现了一部分应用功能。
Wireframe	线框图	线框图是一种示意图，在产品规划前期，用于说明和规划要在产品（软件界面）上展示的元素。

参考文献

[1] WILLIAM L. The pocket universal principles of design: 150 essential tools for architects, artists, designers, developers, engineers, inventors, and makers [M]. Illustrated ed. Beverly, MA: Rockport Publishers. 2015.

[2] PETER M., LOUIS R. Information architecture for the world wide web: Designing large-scale websites [M]. 3rd ed. California: O'Reilly Media. 2007.

[3] JENIFER T, CHARLES B, AYNNE V. Designing interfaces: Patterns for effective interaction design [M]. 3rd ed. California: O'Reilly Media. 2020.

[4] JACOB N, RALUCA B. Mobile usability [M]. 1st ed. Berkeley, CA: New Riders Pub. 2012.

[5] JEFFREY R, DANA C, JARED S. Handbook of usability testing: How to plan, design, and conduct effective tests [M]. 2nd ed. New York: Wiley. 2008.

[6] CAROL M B. Usability testing essentials: Ready, set ... test! [M]. 2nd ed. San Francisco: Morgan Kaufmann. 2020.

[7] DAN O. The lean product playbook: How to innovate with minimum viable products and rapid customer feedback [M]. 1st ed. New York: Wiley. 2015.

[8] JEFF S, JAMES R L. Quantifying the user experience: Practical statistics for user research [M]. 1st ed. San Francisco: Morgan Kaufmann. 2012.

[9] REX H, PARDHA P. The UX book: Process and guidelines for ensuring a quality user experience [M]. 1st ed. San Francisco: Morgan

Kaufmann. 2012.

［10］HELEN S, JENNIFER P, YVONNE R. Interaction design-beyond human-computer interaction ［M］. 5th edition. New York：Wiley. 2019.

［11］SUSAN W. 100 things every designer needs to know about people ［M］. 2nd ed. Berkeley, CA：New Riders. 2020.

［12］JEFF P, MARTIN F, PETER E, ALAN C, MARTY C. User story mapping：Discover the whole story, build the right product ［M］. 1st ed. California：O'Reilly Media. 2014.

［13］MICHAEL H. Software-ergonomie：Theorien, modelle und kriterien für gebrauchstaugliche interaktive computersysteme ［M］. 4th ed. Berlin：De Gruyter Oldenbourg. 2018.

［14］SCHNEIDER, Wolfgang. Ergonomische gestaltung von benutzungsschnittstellen：kommentar zur grundsatznorm din en iso 9241－110 ［M］. 2nd ed. Berlin：Beuth Verlag. 2008.

［15］STEVE K. Don't make me think, revisited：A common sense approach to web usability ［M］. 3rd ed. Berkeley, CA：New Riders. 2013.

［16］MICHAEL R, MARKUS D F. Usability engineering kompakt benutzbare produkte gezielt entwickeln ［M］. 3rd ed. Berlin：Springer Vieweg. 2013.

［17］ELIZABETH G, MIKE K, ANDREA M. Observing the user experience：A practitioner's guide to user research ［M］. 2nd ed. San Francisco：Morgan Kaufmann. 2012.

［18］BILL A, TOM T. Measuring the user experience：Collecting, analyzing, and presenting ux metrics ［M］. 3rd ed. San Francisco：Morgan Kaufmann. 2022.

［19］JOSH S, JEFF G. Lean UX：Applying lean principles to improve user experience ［M］. 1st ed. California：O'Reilly Media. 2013.

［20］MARC S, MARKUS H, ADAM L, JAKOB S. This is service design doing：Applying service design thinking in the real world paperback ［M］. 1st ed. California：O'Reilly Media. 2018.

［21］JESSE J G. The elements of user experience：User-centered design for the web and beyond ［M］. 2nd ed. Berkeley, CA：New Riders. 2010.

［22］CHAUNCEY W. User experience re－mastered：Your guide to getting the right design ［M］. 1st ed. San Francisco：Morgan Kaufmann. 2009.

［23］ DON N. The design of everyday things paperback ［M］. Revised ed. New York：Basic Books. 2013.

［24］ 艾伦·库伯，罗伯特·莱曼，戴维·克罗宁，等. About face 4：交互设计精髓 ［M］. 倪卫国，刘松涛，杭敏，等译. 北京：电子工业出版社. 2020.

［25］ 黄峰，赖祖杰. 体验思维 ［M］. 天津：天津科学技术出版社. 2020.

［26］ 李满海，王愉，朱建春. 服务设计信达雅 ［M］. 北京：清华大学出版社. 2023.

［27］ 李满海，辛向阳. 数据价值与产品化设计 ［M］. 北京：机械工业出版社. 2020.

后　记

北京大学钱理群教授曾说道："真正的精英应该有独立自由的创造精神，要有自我的承担，要有对自己职业的承担，要有对国家、民族、社会、人类的承担。"作为在用户体验领域十多年的实践者，我个人非常荣幸能牵头并联动十几位行业专家一起共创这本指南。

本人 2010 年牵头成立 UXPA（User Experience Professionals Association）中国西南分会，连续担任三届六年会长，并且担任 UXPA 中国理事有十余年。我深刻体会到：一个行业协会要想持续引领中国用户体验行业的发展，必须要有自己的知识体系。于是，2021 年 9 月，我尝试将 UXPA 奥地利和德国的 UXQCC（User Experience Quality Certification Center）知识体系引入中国，用了 2 个月时间将英文版和德文版翻译出来，结果发现 UXQCC 大都是可用性工程知识点。这些知识点已经跟不上中国企业的发展需要了。于是，我找到两位志同道合的 UXPA 中国理事——王建和马琳伟，合计对 UXQCC 知识点进行重构，整理适合中国国情的用户体验知识体系。经过 3 个月的知识框架梳理，我们整理出初稿，并认为具有操作可行性，于是向 UXPA 中国理事会正式报备立项。2022 年 3 月，UXPA 中国的官方微信公众号正式发文同意我来牵头整理《体验管理知识体系指南》。

本指南虽然还有许多不尽如人意的地方，但是我相信会开启一个全新阶段。其一，我们的出发点是站在行业或领域角度去落笔整理。我们不生产知识点，这些知识点原本就来自各领域，我们的贡献在于将这些知识点串成一个知识体系，目的是促进各行各业更好地应用。其二，我们的落脚点是切实有效地提升企业的体验管理能力。知识点的编著是采用开放包容的共创方式，知识点是由身在一线的行业专家分工整理，并配上各自所在单位的实践案例。

从 2021 年 9 月到 2023 年 9 月，《体验管理知识体系指南》的编写出版前后历时 2 年。虽然本人希望现有内容继续完善，但是由于政府和企业都希望本指南第一个版本尽快出版，所以经和专家们商议后，暂约隔年更新一个版本，持续补充和完善知识点。

为了更好地推广体验管理知识体系，我们正在筹建国际体验管理协会，网站（http://www.xmbok.org.cn）正在建设中。我们欢迎企业高校等社会组织以联合声明方式共创协会，目前已经有数字健康、研学教育、体验设计、数媒技术等领域的社会组织申请加入。

另外，我们准备将体验管理的知识要点融合出版成教学视频，并整理成题库，若通过考试，个人可以领取不同层次的证书：

XMBOK ©－PPE 项目执行层体验管理能力认证

XMBOK ©－PSE 系统管理层体验管理能力认证

XMBOK ©－PCE 战略文化层体验管理能力认证

感谢一路有缘人！特别感谢新一代数字医疗技术与管理科普培训项目（编号：2022JDKP0014）和四川天府新区北理工创新装备研究院的大力支持。

李满海

2023 年 5 月